Melanie Albrecht / Michael Wehren (Hrsg.)

Verortungen / Entortungen
Urbane Klangräume

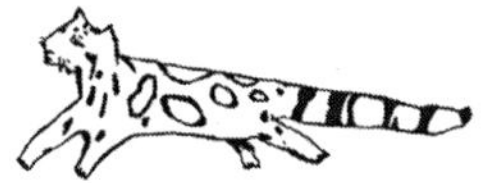

Melanie Albrecht / Michael Wehren (Hrsg.)

Verortungen / Entortungen

Urbane Klangräume

Neofelis Verlag

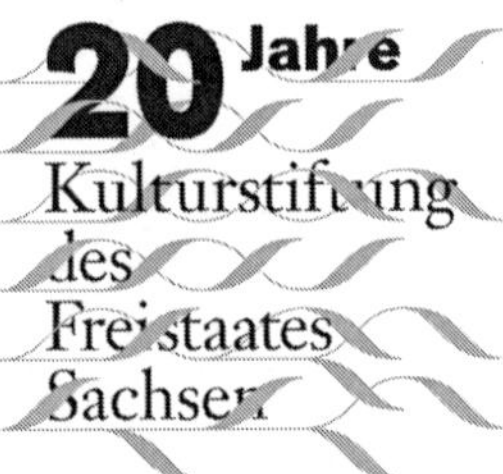

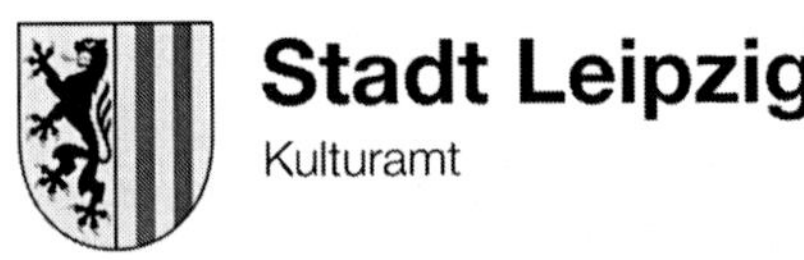

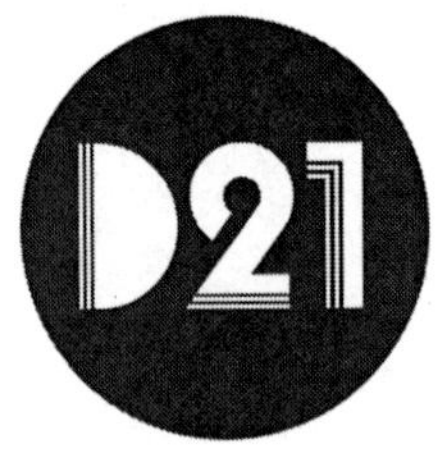

Königreich der Niederlande

Anlässlich der Ausstellung VERORTUNGEN / ENTORTUNGEN: URBANE KLANGRÄUME im D21 Kunstraum Leipzig vom 14.10.–13.11.2011, kuratiert von Melanie Albrecht und Michael Wehren, gefördert durch das Kulturamt Leipzig, die Kulturstiftung Sachsen und die Botschaft des Königreichs der Niederlande. Publikation gedruckt mit freundlicher Unterstützung der Kulturstiftung des Freistaates Sachsen und des D21 Kunstraum Leipzig e.V. (www.d21-leipzig.de).

Bibliografische Information der Deutschen Nationalbibliothek
Die Deutsche Nationalbibliothek verzeichnet diese Publikation in der Deutschen Nationalbibliografie; detaillierte bibliografische Daten sind im Internet über http://dnb.d-nb.de abrufbar.

Umschlaggestaltung: Marija Skara
Druck: PRESSEL Digitaler Produktionsdruck, Remshalden
Gedruckt auf FSC-zertifiziertem Papier.
ISBN (Print): 978-3-943414-08-0
ISBN (PDF): 978-3-95808-073-7

Inhalt

Ausgangspunkte: Die Ausstellung

Verortungen / Entortungen

Urbane Klangräume und die Frage nach einer Politik des Sounds

Michael Wehren / Melanie Albrecht

1. Urbane Klangräume

9. Oktober 2014: In Leipzig – das heißt genauer: in der Leipziger Innenstadt – findet das sogenannte Lichtfest statt. Erinnern soll es an die Montagsdemonstration vom 9. Oktober 1989 und zwar in einer Mischung aus Re-enactment, Großevent und Gedächtnisfeier. Die Innenstadt und der sie umgebende „Ring" sind dementsprechend voller Menschen, an die 200.000 sollen es laut den VeranstalterInnen gewesen sein, und diese Menschen bewegen sich durch einen zur Installation gewordenen Stadtraum, der sich als dramaturgisch durchgestaltete Szenographie erweist. So wird die Innenstadt durch eine Vielzahl von auf Gebäude projizierten, animierten Texten und Bildern aus dem Kontext der ‚Friedlichen Revolution' zum visuellen Projektionsraum – der auch ein Projektionsraum von Wünschen und Geschichtsbildern ist. Angestrebt ist eine Auseinandersetzung „mit dem Herbst 1989", eine Übersetzung der „damaligen Ereignisse, Emotionen etc. in die heutige Zeit."[1] Doch über diese visuellen inszenatorischen Momente hinaus, spielen auch Klänge bzw. Sounds eine besondere Rolle in der ritualisierten Feier von Geschichte als Massenevent. An vielen Stellen der Stadt sind, eingespielt über stationäre oder mobile Lautsprecher, historische Aufnahmen aus dem Kontext der Montagsdemonstrationen und der ‚Wendezeit' zu hören: Aussagen, skandierte Rufe, Erinnerungen. Historische O-Töne werden zurück in den heutigen, abendlichen Stadtraum gespielt und treffen dort auf die Züge von Event-BesucherInnen, ihre Unterhaltungen und Gespräche, Verkehrsgeräusche und so weiter. Auf diese Weise entsteht ein neuer Klangraum, eine Montage aus Vergangenheit und Gegenwart: das Lichtfest macht die Stadt auch zum akustischen Projektions- bzw. Erinnerungsraum. Das eventisierte ‚Re-enactment' der kollektiven Bewegung setzt mit allen Mitteln stadtinszenatorischer

1 Lichtfest Leipzig. http://www.lichtfest.leipziger-freiheit.de (Zugriff am 19.10.2014).

Kunst ein Gedächtnis in Szene, welches ein sprechendes ist. Als sprechendes ist es auf doppelte Weise ein ansprechendes Gedächtnis. Erstens zielt die Inszenierung der ‚Heldenstadt' auf Gefälligkeit. Zweitens können die Stimmen des Lichtfests als ideologische Anrufungen im Sinne Louis Althussers verstanden werden: als Fetisch-Stimmen, die die HörerInnen identifizierend auf den Schauplatz eines historischen Ereignisses und zur Identifikation mit ihm rufen.[2]
Über die zweifelhafte Identitäts- und Geschichtspolitik der ‚Heldenstadt' hinaus zeigt sich an diesem Beispiel deutlich, dass die Politik des Sounds bereits mitten unter uns ist. Wer was wann an welchen Orten wie hört, ist Teil grundlegender Politiken des Alltags: „Audio branding and sonification are currently active design strategies dramatically participating in the total aestheticization and crafting of contemporary social space."[3] Hauptbahnhof- bzw. Kaufhofmuzak, Audioguides für Museen- oder Stadtbesuche, mobile Smartphone-HörerInnen mit Streaming-Apps etc. ergeben ein komplexes Gefüge, in dem Theoriebildungen zur Wirkung neuer Medien um die fortgesetzte und insistierende Analyse der mit ihnen verbundenen ästhetischen Taktiken bzw. Strategien notwendig zu ergänzen sind. So kann der mediale Entzug von Materialität, beispielsweise die Abtrennung einer aufgenommenen Stimme von dem ihr zugeordneten Körper und seiner physischen Präsenz, durchaus in seinem Effekt als unheimlich oder gespenstisch beschrieben werden. Doch gerade deshalb erzeugen sie oftmals ein „Begehren nach ihrer Verkörperung"[4], welches gleichsam wie eine Austreibung des Gespenstischen funktioniert:

> Stimmen werden nicht nur von den Sprechenden verkörpert, sondern auch von den Hörenden. Was die Stimmen der Autoritäten anordnen oder verkünden, muss im Gedächtnis verkörpert, wiederholt, memoriert, gleichsam in „innere Stimmen" verwandelt werden. Zu den wichtigsten Techniken der Verkörperung von Stimmen gehören darum die Mnemotechniken […] der tote Körper musste gleichsam auch akustisch restituiert werden.[5]

2 Vgl. kritisch zum Lichtfest allgemein Torben Ibs: Rituale der Erinnerung. Lichtfest Leipzig. In: Micha Braun / Günther Heeg / Lars Krüger / Helmut Schäfer (Hrsg.): *Reenacting History: Theater und Geschichte*. Berlin: Theater der Zeit 2014, S. 106–115.

3 Brandon Labelle: *Acoustic Territories. Sound Culture and Everday Life*. New York / London: continuum 2010, S. 186.

4 Thomas Macho: Stimmen ohne Körper. Anmerkungen zur Technikgeschichte der Stimme. In: Doris Kolesch / Sybille Krämer (Hrsg.): S*timme. Annäherung an ein Phänomen*. Frankfurt am Main: Suhrkamp 2006, S. 130–146, hier S. 132.

5 Ebd., S. 132–133.

Eine Veranstaltung wie diejenige des Lichtfests wird in einer solchen Perspektive als mnemotechnische Inszenierung lesbar, welche qua Anrufung auf die Verkörperung und Erinnerung von Stimmen zielt. Der auch akustisch inszenierte Stadtraum wird hierbei für die Laufenden und zugleich Hörenden zum Ort einer Einübung von Geschichte bzw. eines bestimmten Geschichtsbildes. Doch muss der Entzug von Materialität nicht nur unheimliche Effekte und die beschriebenen Reaktionen darauf hervorrufen. In der Abwendung von konkreter Materialität und konkreten Körpern kann auch ein anderer Effekt als jener des Gespenstischen auftreten – an Stelle der „Geister" kann der „Geist", an die Stelle der „Ghosts" kann der „Spirit" treten, der sich über die Ruinen der Vergangenheit und Gegenwart immateriell erhebt. Verkörperung und Immaterialität bedingen und verstärken sich dabei tendenziell gegenseitig: so inszeniert das Lichtfest nicht zuletzt die Atmosphäre einer diffus aktuellen, nicht greifbaren, unsichtbaren „Beseeltheit" vom „Geist des Ereignisses".

In solcherlei Inszenierungen und Beschwörungen des gemeinschaftlichen Einvernehmens, das ästhetische und damit immer auch latent (a-)soziale und politische Moment des Unvernehmens einzuführen, ist eine zentrale Herausforderung künstlerischer Praxis.[6] Der Raum der Stadt stellt eine je spezifische „Aufteilung des Sinnlichen"[7] dar, in der sich die Praktiken beispielsweise des Konsums, des Verkehrs, der Arbeit, der Begegnung oder des Wohnens mit einem Netz von Klängen, Geräuschen, Stimmen, Sounds und Rhythmen an der Schnittstelle von Öffentlichem und Privatem, Individuellem und Kollektiven überkreuzen und so die Evidenz sozialer Choreographien mit hervorbringen. Künstlerische Formen wie Audioinstallationen, Audiowalks oder Soundwalks erweisen sich hierbei nicht als das kategorial Andere der akustischen Ästhetisierung des Stadtraums, vielmehr finden sie in einem Kontext statt, in dem immer schon Soundgestaltung, Sounddesign und Ästhetisierung der Klangräume eine Rolle gespielt haben.

6 Vgl. zum Unvernehmen als Moment und Artikulationsform des Politischen Jacques Rancière: *Das Unvernehmen. Politik und Philosophie*. Frankfurt am Main: Suhrkamp 2002.

7 Vgl. bspw. Jacques Rancière: Von der Aufteilung des Sinnlichen und den daraus folgenden Beziehungen zwischen Politik und Ästhetik. In: Ders.: *Die Aufteilung des Sinnlichen. Die Politik der Kunst und ihre Paradoxien*, hrsg. v. Maria Muhle. Berlin: b_books 2006, S. 25–34.

Wo die soziale Choreographie der Orte und Stimmen nicht nur verstärkt und bedient, sondern gelockert, verschoben, in Frage gestellt, irritiert, herausgefordert oder zum Stolpern gebracht wird, kann auch das in ihr stillgestellte latent politische und soziale Potential wieder zum Vorschein kommen. Eine Politik des Sounds wäre in diesem Sinne auch eine der kritischen *Entortung* und der *Verortung* – ein Aufbrechen des Narzissmus des Ortes und seiner inszenierten Klangbilder einerseits und andererseits eine Neueröffnung der Verhandlung seiner spezifischen Geschichte(n), seiner sozialen und politischen Dimensionen.

2. Verortungen / Entortungen

Auf den Spuren der Brüche und Neuverhandlungen überkommener Wahrnehmungsweisen von Orten und Klängen fragt *Verortungen / Entortungen: Urbane Klangräume* nach anderen akustischen Erfahrungspraxen des Urbanen und den Möglichkeiten einer Mikropolitik des Alltags. *Verortungen* unterstreicht dabei die Notwendigkeit, vor Ort Geräusch- und Klangwelten kritisch zu reflektieren, das allzu Bekannte als unbekannt, das Heimische als unheimlich wahrzunehmen, durch Konzentration auf spezifische Lokalitäten ihre Geschichte(n) bzw. unterschiedlichen Dimensionen zu entfalten und erfahrbar zu machen. *Entortungen* unterstreicht hingegen die Möglichkeit und Produktivität der Trennung von Ort und Klang, ihre experimentelle, verfremdende Montage, den Transport und die Verschiebung von Aufnahmen. Im variierenden Anschluss an Bertolt Brecht formuliert: „Eine Aufnahme kann an einem anderen Ort gebraucht werden, als wo sie gefunden wurde.“[8] Die „Zäsur der Medien“[9] eröffnet Zwischenräume, welche zugleich mit neuen (Ver-)Handlungsspielräumen, spezifischen Agencies, verbunden werden können. Die Praktiken, welche uns im Verlauf der Arbeit an diesem Buch interessierten, arbeiten in diesem Sinne daran, Orte – und die in ihnen implizierte Selbstidentität der Orte – in Räume zu

8 Im Original lautet der Abschnitt: „Die Erkenntnis kann an einem anderen Ort gebraucht werden, als wo sie gefunden wurde.“ (Bertolt Brecht: Fatzer. In: Ders.: *Werke. Große kommentierte Berliner und Frankfurter Ausgabe*, Bd. 10.1. Berlin / Frankfurt am Main: Aufbau / Suhrkamp 1997, S. 387–529, hier S. 521.

9 Vgl. Georg Christoph Tholen: *Die Zäsur der Medien. Kulturphilosophische Konturen.* Frankfurt am Main: Suhrkamp 2002.

verwandeln. Nach Michel de Certeau ist ein Raum ein Ort „mit dem man etwas macht“, nicht ein ansprechendes Wort, sondern „ein Wort, das ausgesprochen wird, das heißt von der Ambiguität einer Realisierung ergriffen“ wird: „Insgesamt *ist der Raum ein Ort*, mit dem man etwas macht.“[10] Im Zusammenspiel der Praktiken der Verortung und Entortung kann, so unsere Arbeitsthese, der Ort in Bewegung versetzt werden. Indem man etwas mit ihm macht, spaltet und teilt er sich – er wird Raum. Dies bedeutet auch, dass er in zeitliche Differenz zu sich selbst treten kann: die Zeitlichkeit des Ortes ist keine reine Kontinuität mehr – sie wird zur Erfahrung von Konstellationen, Brüchen, Ungleichzeitigkeiten und fordert in der Konsequenz eine Befragung der eigenen Zeitgenossenschaft und Zeugenschaft der HörerInnen. Hören mag immer schon einen assoziativen Akt, ein assoziatives Geschehnis darstellen[11] – doch erst spezifische mediale oder künstlerische Arbeitsweisen aktivieren die unterschiedlichen zunächst latenten ästhetischen, politischen und sozialen Potentiale der Assoziation.

Damit wird auch das Verhältnis von Hören und Sehen thematisch und problematisch – habitualisierte Kontinuität, Synchronizität und Einheit beider Aspekte sind keine Seltenheit. Doch das, was wir sehen, und das, was wir Hören, wie wir sehen und wie wir hören, können auf unterschiedliche Weise bspw. auseinander fallen, sich neu konfigurieren, widersprechen usw. Dadurch entstehen wiederum neue bzw. andere Wahrnehmungsräume und Wahrnehmungsweisen, die sich potentiell mit anderen Praktiken koppeln lassen.

Ausgangspunkt für die Beschäftigung mit diesen Perspektiven und Fragen im Rahmen der vorliegenden Publikation war die Ausstellung V*erortungen / Entortungen: Urbane Klangräume*, die vom 14. Oktober bis 13. November 2011 im D21 Kunstraum Leipzig mit seiner großen Glasfensterfront stattfand. Dieser Kunstraum liegt mitten im Leipziger Stadtteil Lindenau, einem ehemaligen ArbeiterInnenviertel, gleich hinter dem Theater der Jungen Welt bzw. dem LOFFT (Leipziger Off-Theater). Ebenfalls nur wenige Meter entfernt befand sich zu dieser Zeit die Leipziger NPD-Parteizentrale (seit September 2014 geschlossen) sowie in nächster Nähe der Lindenauer Markt mit

10 Michel de Certeau: *Kunst des Handelns*. Berlin: Merve 1988, S. 218.

11 Vgl. Labelle: *Acoustic Territories*, S. xix.

seinen WochenmarktbesucherInnen und VerkäuferInnen, Tramhaltestellen, Taxiständen, TrinkerInnen usw. Lindenau war und ist, wie auch andere Ecken Leipzigs, ein ‚Boom'-Viertel: hier machte eine alte Kneipe zu, dort machte ein neues ‚Kaufland' auf. Die Gesichter und Gespräche änderten sich, die MieterInnen auch – die Gentrifikationsprozesse liefen wie in vielen anderen Städten mit voller Ambivalenz ab. Nur die Tram ratterte immer weiter im gleichen Takt vor dem Kunstraum und dem ihn damals beherbergenden Wächterhaus[12] entlang. Insofern handelte es sich bei der Ausstellung im Moment einer Veränderung nicht nur des Stadtbilds, sondern auch des Stadtklangs und der mit ihm verbundenen Realitäten um eine experimentelle Selbstorientierung. Die Frage lautete zunächst ganz einfach: „Wo sind wir hier überhaupt? Und: wer ist denn wir?" Und da „wir" diese Frage in Räumen stellten, die bei jeder vorbeifahrenden Tram leicht erschüttert wurden und deren große Schaufenster eher wie eine akustische Membran funktionierten, die nicht wirklich isolierte, vielmehr von den Resonanzen der Klänge unserer Umwelt durchdrungen wurde, beschlossen wir, dieser Frage akustisch nachzuforschen. Also suchten wir nach KünstlerInnen und künstlerischen Arbeiten, die den bestehenden Kunstraum mit anderen Räumen und Orten verbanden, einen Moment des Übergangs dokumentierten, nach dem Ungehörten und Überhörten im Gehörten, dem Unbekannten im allzu Bekannten fragten. Sie verfremdeten vor Ort Klänge oder irritierten durch „fremde" Klänge das Hören. Die künstlerischen Positionen wurden ergänzt durch ein Symposium, dessen Fragen, Beiträge und Diskussionen zu Ausgangspunkten für weitere Forschungen wurden, denen wir so lange nachgingen, bis der vorliegende Sammelband aus ihnen entstanden ist.

3. Rundgang

Lassen wir also kurz die Exponate und Arbeiten der Ausstellung Revue passieren – denn hier ist der Ursprung der hier versammelten

12 Wächterhäuser folgen einem besonderen Nutzungskonzept, das der Verein haushalten e. V. in Leipzig ins Leben rief: NutzerInnen können in leer stehende Häuser zu Nebenkostenkonditionen einziehen und verpflichten sich dafür zur Instandhaltung und Sanierung des Gebäudes. Das Konzept bietet Perspektiven für eine Vielzahl von NutzerInnen, spielt jedoch auch eine umstrittene, zentrale Rolle im Prozess der Gentrifizierung ganzer Stadtviertel.

Texte und Materialien auszumachen: Betreten wir den Ausstellungsraum von der Straßenseite aus, so begegnet uns zunächst eine Video- und Klanginstallation des Medienkünstlers und -theoretikers Brandon Labelle. *Concert* besteht aus drei Monitoren. Auf dem linken und rechten Monitor betrachten wir abwechselnd Personen, die einen Ort beschreiben, der offenbar auf dem mittleren Monitor zu sehen ist. Die Personen kennen weder den Ort, noch sehen sie ihn, allein via Kopfhörer erhalten sie einen Eindruck des Ortes und beginnen, ihn in der beschreibenden Phantasie zu (re-)konstruieren und verbal in Szene zu setzen. In der Spannung zwischen Hören und Sehen erfolgt eine Übersetzung der Wahrnehmungen, die zugleich einen unbekannten, unsichtbaren, geradezu unerhörten Ort entstehen lässt.
Wenige Meter weiter ist auf dem Boden eine Google Maps-Projektion zu sehen. In regelmäßigen zeitlichen Abständen ändert sich der projizierte Kartenausschnitt, doch stets sind rote Punkte auf ihm sichtbar. Diese markierten Orte auf der Karte sind mit im Internet hinterlegten Audioaufnahmen verbunden. Also greifen wir einen der von der Decke hängenden Kopfhörer und können nun die wechselnden Audioaufnahmen hören. Die Installation lädt zu einem zufallsgesteuerten, akustischen Flanieren durch die Field Recordings der globalen Klangkarte *radio aporee* ein, die im Jahr 2006 von Udo Noll entwickelt wurde. Gezielt kann man Inhalten der globalen Plattform an zwei angrenzenden Rechnern nachforschen. Das akustische Archiv enthält Material unterschiedlichster Orte und Zeiten und wurde im Rahmen der Ausstellung durch den Audiokünstler *Seetyca* um Aufnahmen des Stadtviertels Lindenau ergänzt, die die bereits erwähnte Übergangsphase des Viertels dokumentieren. Die Aufnahmen verbleiben auch nach dem Ende der Ausstellung auf der Internetseite und ihrem Archiv, durch das mittels diverser Suchfunktionen, der Klangkarte sowie per Zufall navigiert werden kann.
Im wortwörtlichen Sinne nachgehen können wir den Soundkarten mittels zweier Audiowalks auf der Basis der *Miniatures for Mobiles Application*, die es ermöglichen, sich per GPS-Ortung, Google Maps und Smartphone durch eine Montage von Realraum und „Hörspiel“ zu bewegen. *Leipzig, Lindenau, Tramscape* von Udo Noll verbindet Interviews und Feldaufnahmen aus Lindenau mit den Sounds der Straßenbahn in Tallinn, Estland. Der Gang durch das konkrete Leipziger Viertel und seine Verkehrsknotenpunkte wird so auch zur

Bewegung in einem internationalen Transport(klang)raum und stellt die Frage: „Wo ist hier?“[13]
Aus dem Klangambiente des Viertels und auf Basis seiner auch in *radio aporee* archivierten dokumentarischen Klänge hat *Seetyca* Ambientkompositionen geschaffen, die sich während einer Smartphone-Tour durch Lindenau mit dem Realraum überlagern. In seiner verfremdeten Schreibweise skizziert er sein Konzept in dieser Arbeit wie folgt:

> verortungen / entortungen – audiowalk in lindenau. oder als entortung überhaubt erst verorten? was wäre, wenn man man eynen urbanen klangraum erschlieszen wollte, selbst für die menschen, die ihn jeden tag erleben? man könnte dazu auf ihn zeigen. man könnte etwas graues rot streichen. was geschieht dann – akustisch? man geht und erfasst, was man nur sieht, wenn man es absichtlich hört. man konstatiert den klanglichen kontext, begreifft ihn, macht ihn bewusst. und dann… ist es aus dem indigenen klangraum heraus ein granulares umarrangieren. spiel mit dem klang. erkennen urbaner pulsgeber. die schönheyt der stillen fülle. vom akustischen ready-made bis zur manierierten tirade. oder von eno bis aube. und zurücke. was als ein neues argument wieder in den ursprünglichen kontext gesetzt wird und spannungsreich den klangraum für den verblüfften hörer… färbt. ja, formt. die sichtlose verformbarkeyt des hörbaren umfeldes und ihre psychoakustische wechselwirkung. mit allem anderen. und darin ist man dann alleyn.[14]

Als nächste Station auf unserem Rundgang erwarten uns vier Hörstationen, an denen ausgewählte Field Recordings aus dem Programm des Labels Gruenrekorder präsentiert werden. Seit 2003 ist das von Roland Etzin und Lasse-Marc Riek gegründete Label insbesondere eine Plattform für KünstlerInnen, die sich mit den unterschiedlichen Potentialen und Möglichkeiten von Phonographie und Feldaufnahmen beschäftigen. Zwischen dokumentarischem Gestus, konzeptioneller Rahmung, sorgsam gestalteten Soundscapes etc. eröffnet die kuratierte Auswahl von Aufnahmen den Blick auf eine Vielzahl von ästhetischen Zugängen zu und Arbeitsweisen mit dem Verhältnis von Orten und Klängen.
Über eine kleine Treppe gelangen wir nun in einen separaten Raum ohne Fenster. Aus vier Lautsprecherboxen, je eine Box pro Ecke, klingen Stimmen. Zu hören ist eine Reihe von Interviews, in denen

13 Wir entleihen diese Formulierung dem folgenden Album: Die Sterne: *Wo ist hier?* Epic 1999.

14 Seetyca: Statement zu *Verortungen / Entortungen*, 23.03.2014.

BewohnerInnen Lindenaus ihre akustische Umgebung beschreiben. Die Audioinstallation *Nachklang* von Jens Heitjohann und Julia Krause komponiert bzw. rekonstruiert sprachlich akustische Umgebungen sowie Hörweisen und setzt damit gleichsam die Übersetzung des Akustischen durch Subjekte in Szene.

Verlassen wir den Raum wieder und kehren in den Vorderraum zurück, so begegnen wir nun zur Linken, an den beiden großen Schaufenstern des D21, der Klanginstallation *Transport* des niederländischen Soundkünstlers Frans de Waard. Während sich der Blick auf den vorbei drängenden Auto- und Tramverkehr, die PassantInnen und Häuserfronten richtet, werden die Geräusche vor Ort auf neue Weise hörbar. Er selbst schreibt:

> In many of my installations there is not a lot to see. Just one or more speakers are used to reproduce a (pre-recorded) sound, known as 'the music'. For *Transport* I was thinking to get some sort of interactive sound installation in which the sound of the traffic outside could in some way cause vibrations on the windows, to be translated via computer means into sound. It would require computers, highly sensitive microphones and, perhaps, I am not such a builder, but also this wasn't really necessary. Looking at the two windows of d21 Kunstraum made me realize these were two canvases, interactive canvases actually, of almost identical size. You see the outside traffic, but couldn't quite hear it, especially those trams passing all day long, with regular intervals. It made me think that these canvases could use a soundtrack, so I asked for a rather random street recording, outside the d21 Kunstraum, on an ordinary week day and set myself to work, to transform these sounds and compose something for the inside of d21 Kunstraum. The sound was divided over four speakers, each with an individual sound, but linked to each other, as a transport of sound through the speakers. Sometimes, perfectly synchronized with the outside world, the trams, cars and people moving, and sometimes, not at all.[15]

Eine Stereo-Version von *Transport* erschien darüber hinaus auf My Own Little Label als CD. Auf dem Cover ist eine vorbeifahrende gelb-blaue Tram zu sehen, die sich vor die Fensterfassade des Kunstraums schiebt.

Damit wäre unser Rundgang zu Ende und wir sind wieder am Eingang zum D21 Kunstraum Leipzig angekommen. Über die genannten Exponate hinaus sind noch drei weitere Formate zu nennen, die die Ausstellung begleiteten. So führte uns an einem Sondertermin der Leipziger Künstler, Soundrecordist und Ornithologe Patrick

15 Frans de Waard: Statement on *Transport*, 10.01.2014.

Franke im Rahmen einer Hörexkursion in der Nähe des ehemaligen Güterbahnhofs Plagwitz auf eine der zahlreichen Leipziger Brachen. Hier stehen wir nun mit ca. 20 Leuten nachts zwischen Grün und Beton und beobachten Vogelzug. Freilich, sehen kann man ihn nicht, doch auf dem ruhigen Gelände, welches vielen Vögeln als Rastplatz während ihrer langen Reiserouten dient, leitet Franke uns dazu an, auf die Vögel und ihre Rufe zu hören. Im Dunkel lauschend auf den Zug der Vögel und einzelne Vogelstimmen, auf die uns Franke hinweist, sind wir auch zurückgeworfen auf unsere Situation als gemeinsam Hörende, während die Stadt seltsam weit entrückt zu sein scheint:

> [G]rundsätzlich kann man Hören üben, egal in welchem akustischen Raum. Sicherlich schärft diese spezielle Sache der akustischen Vogelerfassung das Gehör und die Wahrnehmung, vor allem komplexer Strukturen. Wenn ich zu einer Hochzeit Ende April oder Anfang Mai morgens mit einer Gruppe in den Wald gehe, wenn alle Vögel singen, dann würde man schnell merken, dass einige, die es nicht gewohnt sind, vollkommen überfordert wären und nicht in der Lage, all das Gehörte aufzulösen. Da habe ich mich wie viele andere Ornithologen auch stark konditioniert. Mir wurde klar, dass es im urbanen Raum kaum möglich ist, einzelne Geräusche aufzunehmen. Das ist etwas, was mich beschäftigt.[16]

Zudem fand am 29. Oktober 2011 ein die Ausstellung begleitendes Symposium statt. In diesem stellte Udo Noll sein Projekt *radio aporee* sowie die mit ihm verbundenen Möglichkeiten experimentellen Radios im öffentlichen Raum vor. Basierend auf ihrem Aufsatz „Soundscapes als akustisches Gedächtnis der Stadt" sprach Dagmar Brunow in einem Skype-Vortrag über „Interventionen im urbanen Raum. Soundkunst gegen Gentrifizierung".[17] Rinus von Alebeek faszinierte uns mit seinem erzählerischen Talent und erläuterte den „Werdegang der Klangkulisse im Stadion während, bevor und nach dem Spiel und was Klangkünstler, die im öffentlichen Raum arbeiten, daraus lernen können".

Ausschnitte des Symposiums, Klangspuren der künstlerischen Arbeiten, Interviews sowie weitere akustische Elemente waren am letzten Tag der Ausstellung im Rahmen der von Lena Brüggemann und

16 Gespräch mit Patrick Franke, geführt am 19.04.2012.

17 Vgl. Dagmar Brunow: Soundscapes als akustisches Gedächtnis der Stadt. In: *testcard* 20 (2011), S. 37–31, hier S. 40–41.

Benjamin Kilchhofer gestalteten Radiosendung *On Radio* zu hören. Über den freien Sender Radio Blau, der digital sowie auf UKW sendet, wurde die Ausstellung noch einmal einer weiteren Entortung und Neuverortung ausgesetzt.

4. Welcome to the… Book!

In der Zeit seit der Ausstellung und während der Arbeit an diesem Buch bildeten sich vier Bereiche aus, in denen sich unsere Interessen fokussierten und die sich als Fluchtlinien unserer kuratorischen Ansätze erwiesen. Angelegt ist das Buch als Momentaufnahme sowie als Materialiensammlung, als Kollektion teilweise sehr divergenter Perspektiven und Ansätze. Dem entspricht auch die Entscheidung, in einer Publikation unterschiedliche Formate und Formen zu nutzen, den Essay neben das Interview oder auch die Fotodokumentation zu stellen. Einerseits wollen wir so den Ursprung der versammelten Elemente dokumentieren, andererseits über ihn hinaus gehen und hierbei weniger einen einzelnen gangbaren Weg aufzeigen als vielmehr eine Konstellation von Positionen und Themenfeldern schaffen, die im besten Fall selbst zum weiterarbeiten – man könnte auch sagen: zum Gebrauch – anregt. Keinesfalls zielt der Band auf Objektivität oder eine repräsentative Auswahl, aber er unternimmt es, unterschiedliche Formen der Arbeit an den Bruch- und Schnittstellen von Klang und Raum in Beziehung zu setzen. Von Fragen der Montage und Digitalisierung über Formen wie Installationen, Audiowalks und performative Eingriffe in den Stadtraum reicht das Spektrum.

Der Abschnitt „Geschichte, Klangraum, Intervention" eröffnet den Band. Jonas Engelmann untersucht die Beziehungen von Erinnerungsräumen, Stadt und Klang in der Arbeit *Memory Loops* von Michaela Melián. Die Geschichte der Opfer des Nationalsozialismus in München steht im Zentrum dieses Projekts, welches die vermeintliche Vergangenheit auf beunruhigende und erschütternde Weise wieder in die Gegenwart der Stadt einschreibt. Im Stadtraum sowie im digitalen Raum des Internets intervenieren die Kompositionen und im Besonderen die durch sie markierten Lücken in die Logik der Orte und ihre Geschichte(n).

Eine entschieden politisch-künstlerische Intervention in die Gegenwart – das wäre auch ein erster Zugang zur Arbeit der Wiener Regisseurin Claudia Bosse. Das gemeinsame Gespräch unter dem Titel

„Das Wirklichkeitsgefüge, in dem man sich sonst so wohlig aufhält, zu irritieren" nimmt einige ihrer Arbeiten im Stadtraum in den Blick, in denen Sound und Choreographie eine ebenso wichtige wie widerständige Rolle spielen.

Im folgenden Abschnitt, „Field Recordings – Potential und Kritik", widmen sich Stefan Militzer und Gerald Fiebig künstlerischen Taktiken und Strategien im Umgang mit Feldaufnahmen. Während Militzer Aspekte einer Phänomenologie urbanen Hörens im Dialog mit Produktionen des Gruenrekorder-Labels entwickelt, unterzieht Fiebig die Konzepte der Soundscape sowie des Field Recordings einer kritischen Lektüre. Mit seiner Emphase auf Zeugenschaft und Konzept beziehungsweise Sprachlichkeit trägt Fiebig dazu bei, die Verwendung beider Ansätze in künstlerischen Praktiken neu zu denken.

Ein während des *Verortungen / Entortungen*-Symposiums gehaltener Vortrag Udo Nolls eröffnet den dritten Abschnitt des Buches: „Audio Map, Audiowalk, performatives Hörspiel". Mit *radio aporee* hat Noll eine globale Plattform für Field Recordings entwickelt, welche zu gleichen Teilen Archiv und Karte darstellt. Gespeist wird dieses Archiv durch die User selbst: SoundforscherInnen, AudiodokumentaristInnen usw. Der transkribierte Symposiumsbeitrag zeigt Hinter- und Beweggründe seiner Arbeit auf und vermittelt, in welcher Weise Kartierungssysteme, Smartphone-Applications und GPS-Ortung zu kritischen Möglichkeiten heutiger Audiokunst und experimentellen Radioformen beitragen können. Darauf folgend beschreibt Marcus Quent am Beispiel einer Produktion der Leipziger Theater- und Performance-Gruppe friendly fire die „Stadt als Sammlung von Gespenstern". *Ghost Tracks* nutzt die Technik des *radio aporee*-Machers, um Verbindungen von Krieg, Wohnen, Alltag und Arbeit nachzugehen, und durchlöchert die boomende Gegenwart eines Leipziger In-Viertels mit den Spuren der Vergangenheit bzw. Zukunft sowie anderer synchroner globaler Orte. Ein Gespräch mit der Performancegruppe LIGNA beschließt diesen Abschnitt. Ein Großteil ihrer Arbeiten findet im Stadtraum, seinen öffentlichen Plätzen oder ikonischen Orten wie der Shoppingmall statt und untersucht die Möglichkeiten performativer Hörspiele und kollektiver Aktionen.

Der letzte Teil des Buches, „(Un)Popular Urban Sound Cultures", bietet zwei Ausblicke in Vergangenheit und Zukunft. Thomas Bey William Bailey erkundet in seinem Versuch die Möglichkeiten von

Green Noise in ebenso globalen wie hybriden Environments, während Roger Behrens Lektüre unter dem Titel „Radio City. Urbane Klänge in der verwalteten Welt, sieben Notizen" durch verschiedene mediale Formate und sich mit ihnen verändernde urbane Klangräume bis in das urbane Musikzimmer und seine Kritik führt. Anstelle eines Nachworts beschließt den vorliegenden Sammelband dann eine Erzählung Rinus von Alebeeks. Im Zentrum seiner Geschichte steht Benfica Lissabon, ein Fußballverein, und die Klangwelt einer Kindheit, die mit diesem und spezifischen medialen Techniken im Stadion verbunden war. Alebeeks launischer Text erinnert nicht nur diese Klangwelt, er beschreibt die (fehlenden) Spuren akustischer und sozialer Räume. Und er beschreibt skeptisch Szenen bzw. Situationen, in denen diese Spuren erinnert werden – manchmal nur gesprächsweise, im Medium der Erzählung. Dabei scheint beinahe en passant die erzählende Erinnerung an andere städtische Klangräume in der Gegenwart als ein utopisches Moment, als Spur einer anderen Zeit, auf.

Die von Alebeek skeptisch beschriebenen Funktionen von Audiokunst im „öffentlichen Raum" erinnern nicht zufällig an die eingangs nachgezeichneten Szenen des Lichtfestes. Die Möglichkeiten und Verwendungsweisen von Audiokunst im Rahmen eines allgegenwärtigen akustischen Designs der Städte und Orte sind freilich dennoch keine Einbahnstraße, die durch Bespielung, Belebung, selektive Inszenierung und so fort gekennzeichnet ist. Im Gegenteil: künstlerische Strategien oder Taktiken der Verortung und Entortung von Klang tragen in sich das Potential einer kritischen Rückkehr zur Gegenwart bzw. eines kritischen In-Differenz-Tretens der vermeintlichen Gegenwart eines Ortes zu sich selbst. Beispiele und teils verstreute Ansätze hierzu versucht der vorliegende Band zu versammeln. Damit ist nicht nur die Frage nach den unterschiedlichen Geschichten und Gebrauchsweisen der Orte gestellt, sondern zudem die Frage nach ihrer Zukunft. Diese könnte „unerhört" sein und im Kontext der vielfältigen Verhandlungen über sie spielen die Erfahrungen urbaner Klangräume schon heute immer wieder eine ebenso irritierende wie innovierende Rolle.

In diesem Sinne wünschen wir Erkenntnis und Interesse bei der Lektüre. Wir hören voneinander.

5. Dank

Ausdrücklich bedanken möchten wir uns bei unseren Förderern und Unterstützern, die die Ausstellung *Verortungen / Entortungen: Urbane Klangräume* und die dazugehörige Publikation ermöglicht haben: das Kulturamt Leipzig, die Kulturstiftung Sachsen und die Botschaft des Königreichs der Niederlande. Unser größter Dank gilt den KünstlerInnen, den BeiträgerInnen, dem Team des D21 Kunstraum Leipzig, der immer wunderbaren Fotografin Susann Jehnichen, dem Grafiker der Ausstellungsdruckerzeugnisse Philipp Neumann, der Gestalterin des Buchcovers Marija Skara und den MitarbeiterInnen des Neofelis Verlags, insbesondere Matthias Naumann – ohne sie alle wären weder Ausstellung noch Publikation möglich gewesen.

Susann Jehnichen

Ausstellungsbilder

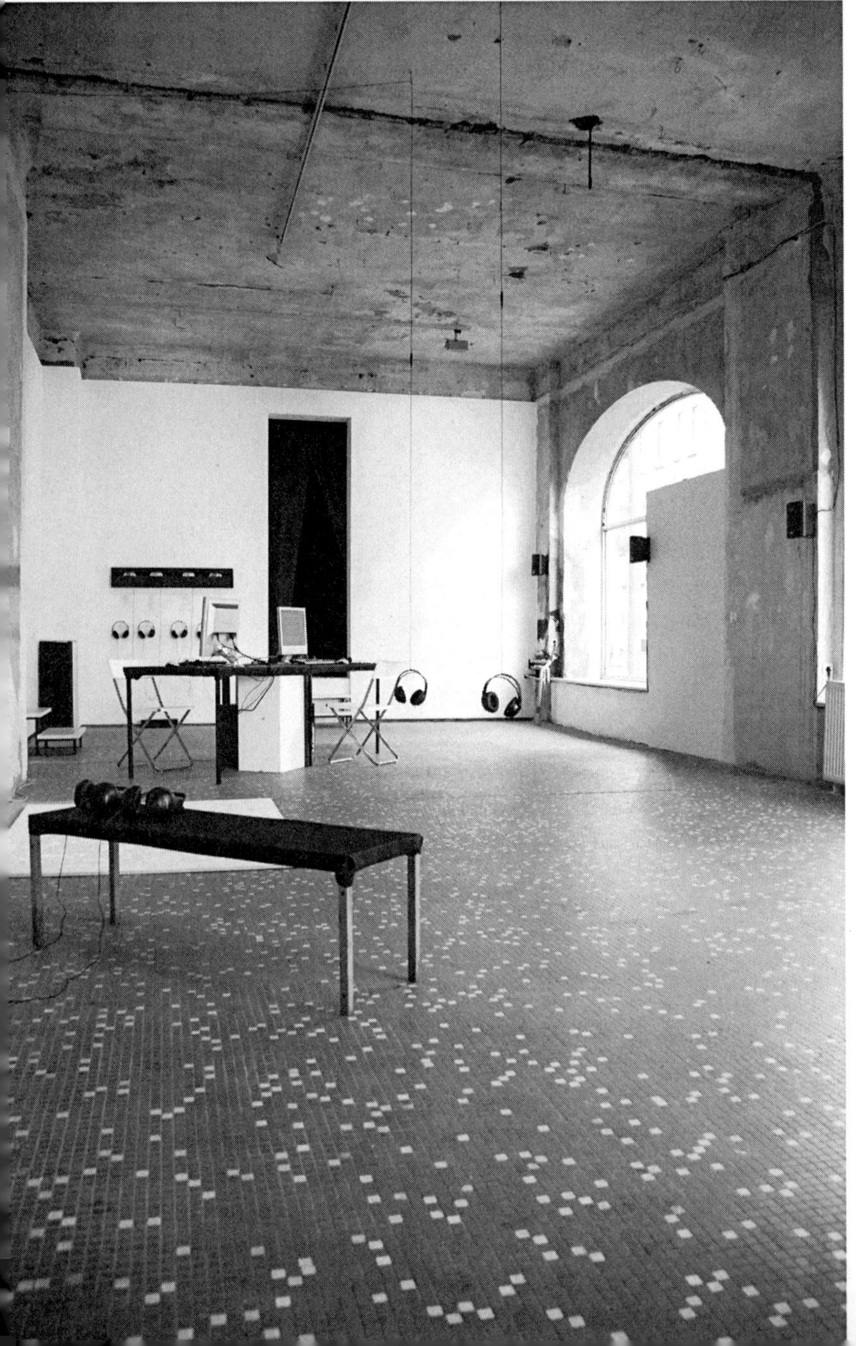

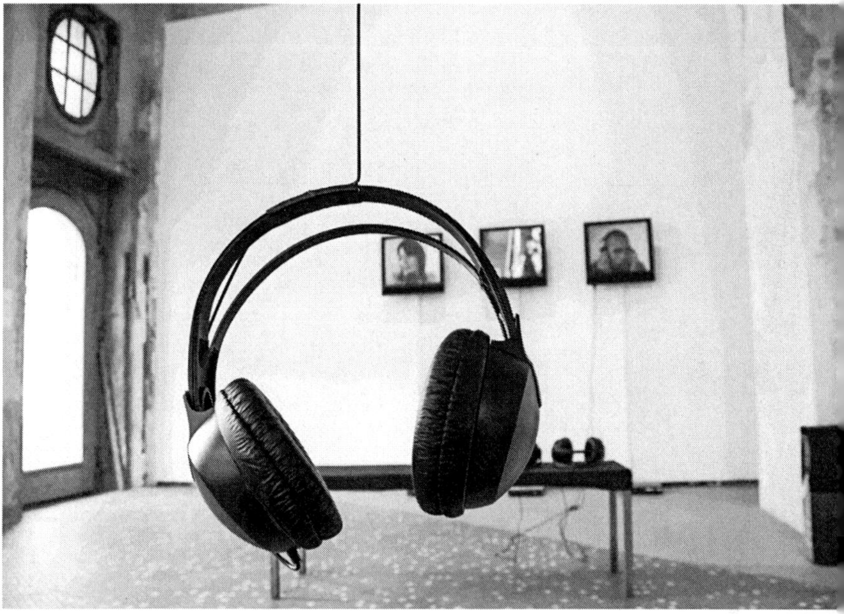

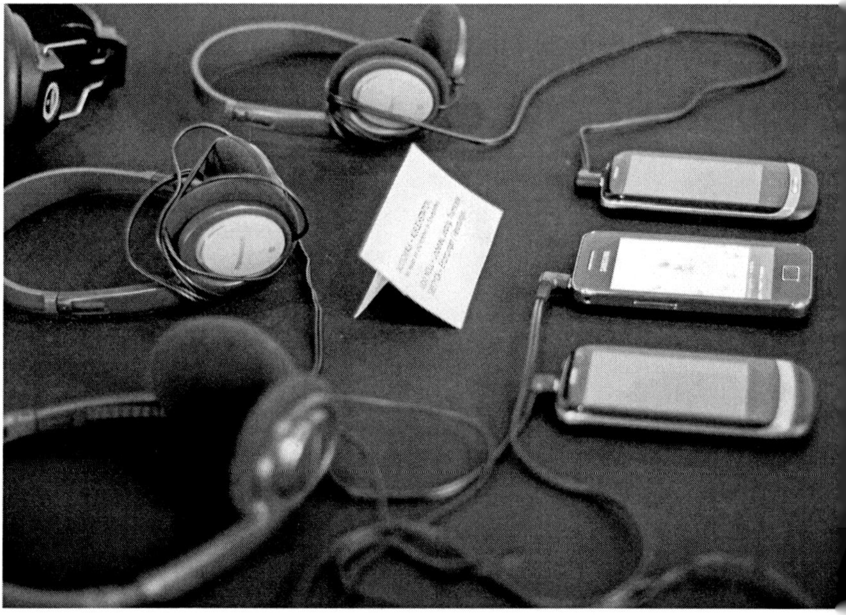

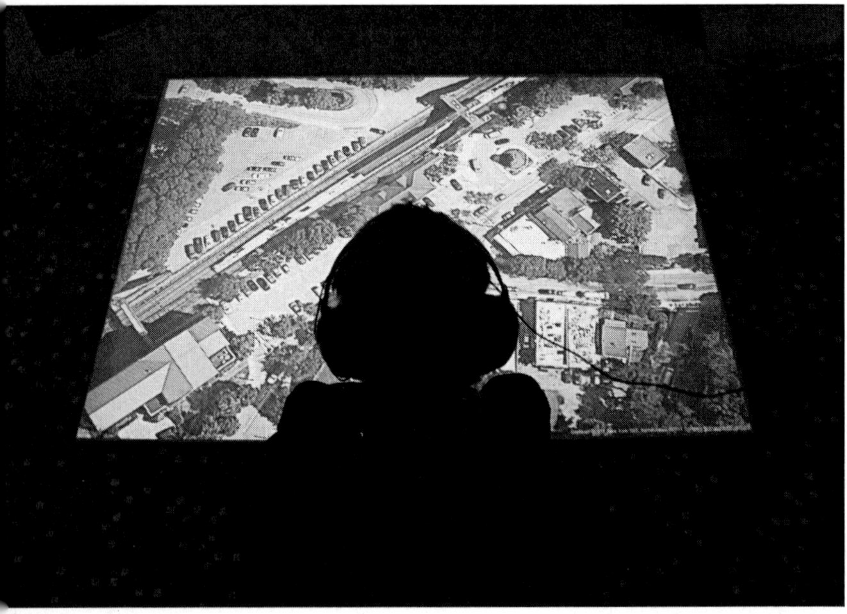

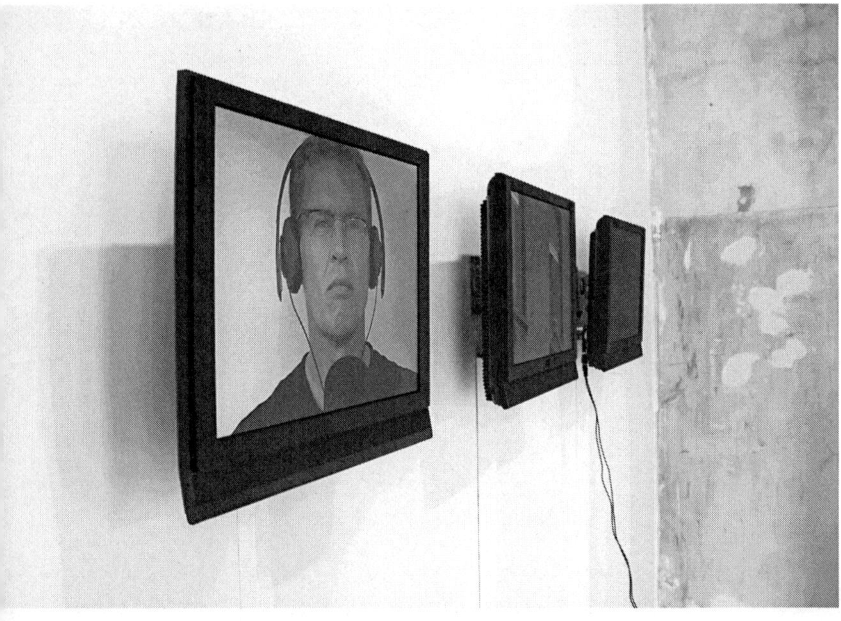

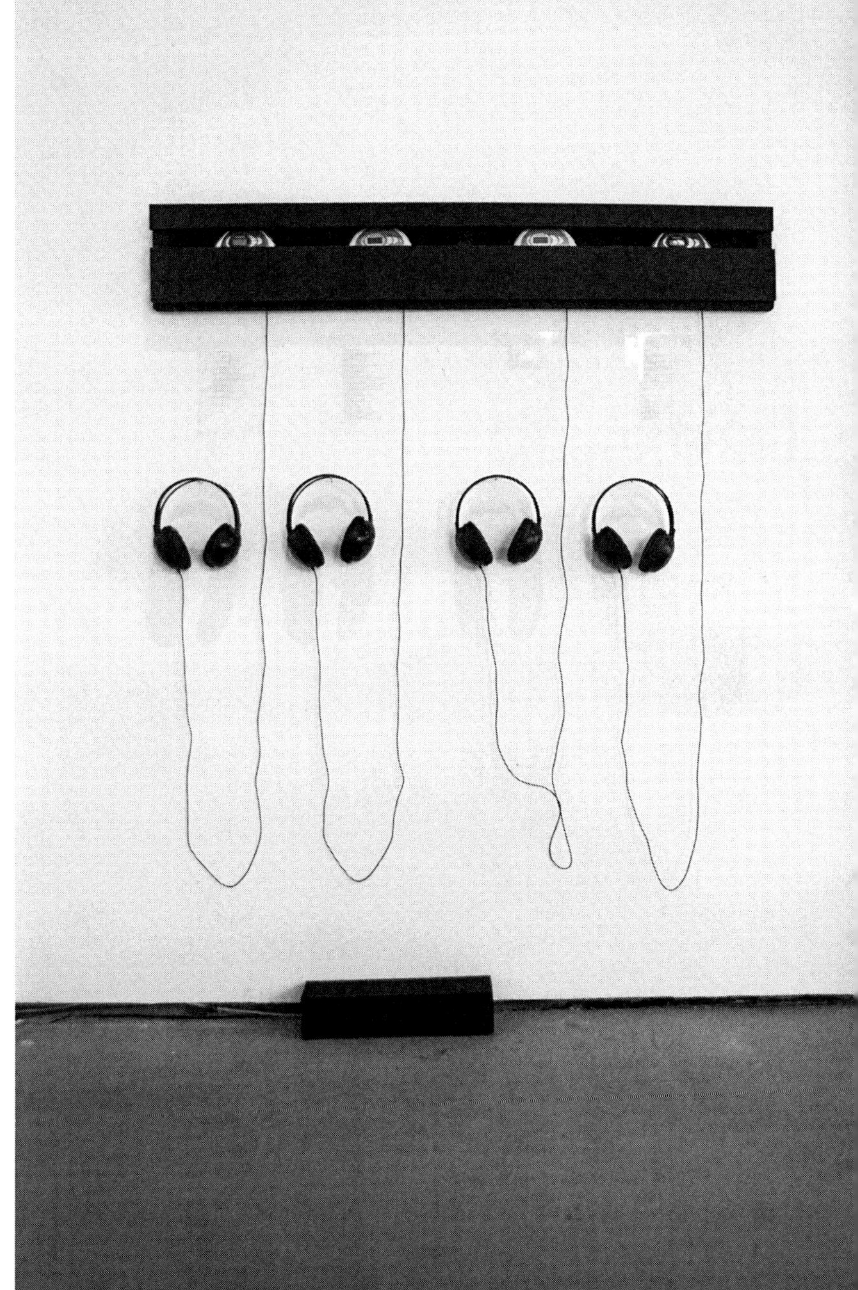

Geschichte, Klangraum, Intervention

Memory Loops

Erinnerungsräume, Stadt und Klang bei Michaela Melián

Jonas Engelmann

> Der Nationalsozialismus lebt nach, und bis heute wissen wir nicht, ob bloß als Gespenst dessen, was so monströs war, daß es am eigenen Tode noch nicht starb, oder ob es gar nicht erst zu Tode kam.
>
> *Theodor W. Adorno*[1]

„Es liegt ein Grauschleier über der Stadt" – F. S. K. und die Ästhetik der Verkrampfung

Ein Grauschleier, den „meine Mutter noch nicht weggewaschen hat." Klar, das ist kein Zitat von Michaela Melián und auch nicht von ihrer Band Freiwillige Selbstkontrolle, F. S. K., bei der Melián seit 1980 unter anderem Bass spielt und singt, sondern eine der wohl berühmtesten Zeilen der Düsseldorfer Band Fehlfarben (*Grauschleier*, 1980). Doch dieser Grauschleier über der Stadt, über Deutschland, ist es, den F. S. K. mit ihren Alben wie auch Melián mit ihrer Kunst sichtbar zu machen versuchen; ein Grauschleier der Geschichtsvergessenheit, der falschen Kompromisse und Verbrüderungen. „Yankee goes home / Ein letzter Kuß vor dem großen Zapfenstreich / Oh, Yankee go home / und nimm mich mit über den / ganz großen Teich / nach Louisiana"[2] singen F. S. K. 1987 auf ihrem Album *In Dixieland* und stellen sich damit gegen den Konsens der sich ja eigentlich verfeindet gegenüberstehenden – und in diesem Punkt dann doch über den Umweg des gemeinsamen Feindes wiederum treffenden – Lager der deutschen Punkszene (*Yankees Raus*, Slime 1982) und der deutschen Friedensbewegung (*Ami go home*, Ostermarsch ca. 1981–88).

1 Theodor W. Adorno: Was bedeutet: Aufarbeitung der Vergangenheit. In: Ders.: *Gesammelte Schriften*, Bd. 10.2, hrsg. v. Rolf Tiedemann. Frankfurt am Main: Suhrkamp 1997, S. 555–572, hier S. 555.

2 Thomas Meinecke: *Lob der Kybernetik*. Frankfurt am Main: Suhrkamp 2007, S. 121.

Freiwillige Selbstkontrolle, die „Stürmer des Neuen Kontinents"[3], wendeten sich mit ihrem „Ja zur Modernen Welt" – „vorübergehend […] die denkbar größte Möglichkeit zu politischer Dissidenz"[4] – gegen den scheinbaren, vorläufigen Frieden im gemeinsamen Feind, in dem Haltung in Slogans kippte und die deutsche Geschichte, die Befreiung vom Nationalsozialismus, auch die Befreiung und Entnazifizierung nicht zuletzt durch amerikanische Popkultur, in einem diffusen Antiamerikanismus kulminierte. In einem Interview zum 30. Jubiläum der Band gibt Melián zu Protokoll: „Das ‚Ja zur Modernen Welt' bringt bis heute den hedonistischen Gedanken hinter F. S. K. gut auf den Punkt. Und es schwingt immer auch eine gewisse Traurigkeit mit, siehe Mode & Verzweiflung."[5] *Mode & Verzweiflung*, die „bohemistische Zeitschrift"[6] aus dem F. S. K.-Umfeld, ihr Medium der literarischen Artikulation neben der Musik, durchzieht die gleiche Melancholie wie die Musik. Aber dieser Traurigkeit, Verzweiflung, Sehnsucht nach der Neuen Welt, stand Unverständnis gegenüber. „Wo Haltung also dahin schmolz, konnte es nur darum gehen, sie zu zeigen. Also auch: zu verschroffen; ohne Rücksicht auf Verluste. Und tatsächlich: Die raffinierte Naivität von *Moderne Welt* polarisierte. Saalschlachten bei Konzerten waren die kalkulierte Folge"[7], schreibt Frank Apunkt Schneider in den Linernotes zur Neuauflage des ersten Freiwillige-Selbstkontrolle-Albums *Stürmer* (1981). Und *Für eine kleine Identität. Zur Ästhetik der Verkrampfung* nennt Schneider einen Essay über die problematische Entwicklung deutschsprachiger Popkultur von den späten 1970er-Jahren bis in die Gegenwart. Er schreibt:

> Wo ‚Pop' lange Zeit die Nichtidentität junger Deutscher unterstützte und symbolisierte, hat sich heute deutscher Gemütspop breit gemacht, der im Prinzip nichts will, außer eben: kein Problem mit seiner Identität haben.[8]

3 Thomas Meinecke: *Mode & Verzweiflung*. Frankfurt am Main: Suhrkamp 1998, S. 37.

4 Ebd., S. 8.

5 Christina Mohr: „Wir sind sicherlich die einzige Band, die sich nicht umzieht, bevor sie auf die Bühne geht". In: *Jungle World*, 01.06.2011. http://jungle-world.com/artikel/2011/22/43322.html (Zugriff am 11.05.2012).

6 Meinecke: *Mode & Verzweiflung*, S. 7.

7 Frank Apunkt Schneider: Musik gegen Musik. Vorüberlegungen zur Wiederveröffentlichung von „Stürmer". Linernotes zur Neuauflage von *Stürmer*, 2012.

8 Frank Apunkt Schneider: Für eine kleine Identität. Zur Ästhetik der Verkrampfung. In: *testcard* 20 (2011), S. 121–129, hier S. 122.

Bei F. S. K. geht es dagegen um das Nicht-Identische, das Stiften von Verwirrung, oder, wie Didi Neidhardt in seiner Bandgeschichte schreibt:

> Wiederholungen sind niemals identische Reproduktionen, sondern bringen immer etwas neues, von früheren Wiederholungen abweichendes hervor. [...] F. S. K. finden in der Vergangenheit immer die Zukunft, nehmen aber auch den Überschuss, das schmutzige Badewasser, das irritierende Detail, den Schmuddel, das Uncoole mit. [...] Es geht um Interpunktion bei Vieldeutigkeiten, das Hervorheben von Fehlern, Versprechern, das Zulassen, Suchen, Erkennen von Möglichkeiten anderer Bedeutungen und Lesarten, von verbotenen Kombinationen.[9]

„Eine Ohrfeige für Kurt Georg Kiesinger" – Kunst und Politik bei Michaela Melián

Dieser Hintergrund Meliáns als Musikerin in einem Bandkollektiv mit einer politisch-ästhetischen Programmatik ist wichtig auch für das Verständnis der bildenden Künstlerin Michaela Melián, denn seit der Gründung von F. S. K. geht, wie Tine Plesch und Andreas Kragler schreiben, „ihr Engagement als Musikerin Hand in Hand mit dem als Künstlerin; fünfzig Prozent Musik – fünfzig Prozent Kunst ... mit vielen thematischen Anknüpfungspunkten und Überschneidungen zwischen beiden Betätigungsfeldern."[10] Und immer gehört bei Melián auch dazu, die Bedingungen der Produktion, Distribution und Rezeption von Kunst mit zu thematisieren:

> Mir ist in der Kunst deswegen auch wichtig, dass ich diesen Mehrwert, der da drinsteckt, mitthematisiere, darüber, dass ich zeige, wie sich die Sachen als Kunstobjekte materialisieren, darüber, dass ich den ökonomischen Aspekt mitdenke [...].[11]

Umso wichtiger erscheint diese Thematisierung und Reflexion des Kontextes eines Kunstwerks in dem Moment, wo sich eine Künstlerin innerhalb der konkreten gesellschaftspolitischen Sphäre der Erinnerungskultur bewegt, wie es Melián mit ihrem Wettbewerbsbeitrag *Memory Loops* zur Ausschreibung der Stadt München für ein

9 Didi Neidhardt: *Notes on F. S. K. 23.303 Zeichen.* Beiheft zur F. S. K.-Compilation *Freiwillige Selbstkontrolle ist ein Mode & Verzweiflung Produkt*, 2011, unpaginiert.

10 Andreas Kragler / Tine Plesch: Do You Dig It? Ein Interview mit Michaela Melián und Thomas Meinecke. In: *testcard* 12 (2003), S. 66–73, hier S. 66.

11 Ebd., S. 73.

Kunstprojekt zur Erinnerung an die Opfer des Nationalsozialismus getan hat. Im Interview sagt sie zu dieser Problematik:

> Wenn wir als KünstlerInnen jetzt zu einem Wettbewerb eingeladen werden, einen Erinnerungsort zu gestalten oder ein Projekt für die offizielle Erinnerungskultur vorzuschlagen, dann entkommen wir natürlich nie dem gesellschaftspolitischen Auftrag, den dieser Wettbewerb im Sinne eines Auftraggebers erfüllen soll, zumindest müssen wir uns dazu verhalten und positionieren.[12]

Doch bevor es um die Frage dieser Positionierung als Künstlerin gehen soll, noch einmal zurück zu F.S.K.: Wie in vielen künstlerischen Arbeiten Meliáns spielen auch dort Orte und die mit diesen verbundenen Ortsdiskurse immer wieder eine Rolle. Mal in den Texten: „Laßt uns die Heimat sehn / Laßt uns die Welt verstehn / Laßt uns die Welt verstehn / Wenn wir durch Deutschland gehen“ (*Deutschland Deutschland*, 1980); „M wie München / M wie Melanie / Und eine weiße Rose / auf deinen zarten Knien / M wie München und Mensur“ (*M wie München*, 1989); „Der deutsche Michel / trägt seine Sichel / wohlweislich unter dem Hemd“ (*Das schlechteste Land der Welt*, 1995). Und mal in den Assoziationsräumen, die die Titel eröffnen: *Tel Aviv*, *Odenwald*:

> Hier sollte die Musik erzählen, von einem möglichen Text ist nur der Titel übrig geblieben. Titel, die im Zusammenhang mit dem Track erzählen, wie z.B. ‚Tel Aviv' als Ausgeh-, als Clubstadt, oder ‚Odenwald' als Gegend der Pilzesser und Krautkommunen [...].[13]

Und auch dieser Aspekt ist bedeutsam für die künstlerischen Arbeiten Meliáns, in denen fast immer Musik eine wesentliche Rolle spielt und, wie etwa in *Baden-Baden*, der Soundtrack die „visuelle Ebene in die räumliche“[14] erweitert. Die „Vergegenwärtigung von Geschichte anhand einer Kulturlandschaft“[15] im Zusammenspiel von Installation, Musik und – in der Dia-Sound-Installation *Föhrenwald* – Wort, das

12 Jonas Engelmann: Erinnerungsräume. Im Gespräch mit Michaela Melián. In: *testcard* 20 (2011), S. 84–87, hier S. 85–86.

13 Ebd., S. 84.

14 Ebd.

15 Frank Wagner: Low Tech – High Concept. Zur Vergegenwärtigung von Geschichte und Persönlichkeit in Michaela Meliáns künstlerischen Projekten. In: Michaela Melián: *Triangel.* New York / Berlin: Lukas & Sternberg 2003, S. 7–24, hier S. 19.

Sichtbarmachen der „Historizität von Orten“[16], die „divergierenden Bilder mit ihren unterschiedlichen Lesarten, Spannungsfeldern, Überschreibungen, Schichtungen“[17] stehen im Mittelpunkt von Meliáns Arbeiten. „Seit Ende der 1980er Jahre verfolgt die Künstlerin konsequent eine Strategie der Sichtbarmachung des Sozialen. Das Soziale, das immer ein komplexes Netzwerk aus Macht, System, Gender und Klasse ist, spürt sie auch immer wieder dort auf, wo es scheinbar vom Alltäglichen verdeckt wird“[18], schreibt Nicolas Schaffhausen im Vorwort zu *Triangel*. Das Projekt *Triangel* beschreibt in der Auseinandersetzung mit der Kulturlandschaft Lüneburger Heide eine vielschichtige Biographie dieses Ortes, der nicht nur das Gut Triangel, auf dem Bernward Vesper aufwuchs und das auch in seinem Roman *Die Reise* eine wichtige Rolle spielt, sondern auch das KZ Bergen-Belsen beherbergte: „Daraus ist eine Landschaftsgeschichte aus Zeichnungen geworden, die mitthematisiert, was hinter der Landschaft ist, also politische und natürlich auch persönliche Geschichte.“[19] Hinter der Landschaft liegen auch die Kontinuitäten deutscher Geschichte verborgen, die Melián mit den genähten Landschaftsbildern der Installation verdeutlicht: „Der Faden – es ist immer nur einer für jedes Bild – legt nahe, dass alles zusammenhängt: Landschaft heute, Orte des politischen Massenmordes und Orte der historischen, individuellen Sozialisierung.“[20] Auch andere Projekte Meliáns beschäftigen sich mit dem „Aufspüren deutscher Geschichte im Alltag und deren Konstruktion als Kulturgut“[21] (*Reconstructing Rothenburg*), bilden in konkreten Bezugnahmen auf Orte wie Innsbruck „allegorische Schleifen, die sich über die Topographie und die Geschichte des Ortes legen“[22] (*Panorama*), oder greifen konkret in den städtischen Raum ein, wie Meliáns Beitrag zum Hamburger Ausstellungsprojekt *Bridge / The map is not the territory* von 1997, das die „topografische und soziopolitische

16 Ebd., S. 18.

17 Engelmann: Erinnerungsräume, S. 85.

18 Nicolas Schaffhausen: Vorwort. In: Melián: *Triangel*, S. 5. *Tomboy*, ein Projekt Meliáns aus den 1990er Jahren, thematisiert Aspekte des Zusammenhangs von Gender und Macht wohl am stärksten, vgl. Michaela Melián: *Tomboy*. Baden-Baden: Kunsthalle Baden-Baden 1995.

19 Kragler / Plesch: Do You Dig It?, S. 73.

20 Wagner: Low Tech – High Concept, S. 20.

21 Ebd., S. 21.

22 Silvia Eiblmayr: Panorama. In: Melián: *Triangel*, S. 59–64, hier S. 59.

Situation des eigenen Territoriums“[23] fokussierte. Für das Projekt, das sich mit der Ökonomisierung und Privatisierung öffentlichen Raumes in Hamburg auseinandersetzte, entwickelte Melián eine Hüpfburg, die Raum nimmt und zum Verweilen im öffentlichen Raum einladen soll:

> So stellt die Hüpfburg ein anarchistisches Konzept dar, in dem durch einen einfachen Akt der kurzzeitigen Intervention die Gegebenheiten umgekehrt und immer wieder neu hinterfragt werden, ohne eigene Festschreibungen zu zementieren.[24]

Die Kontinuitäten deutscher Geschichte werden in der multimedialen Installation *Föhrenwald* in den Mittelpunkt gerückt. Föhrenwald, das heutige Waldram, 30 Kilometer südlich von München gelegen, war in den 1930er Jahren als Mustersiedlung gebaut worden, wurde dann als Lager für ZwangsarbeiterInnen in der Rüstungsindustrie genutzt, um nach dem Zweiten Weltkrieg für zehn Jahre als Siedlung für jüdische Displaced Persons zu dienen. Nachdem viele der dort angesiedelten Überlebenden in den neu gegründeten Staat Israel oder Städte wie München und Frankfurt umgezogen waren, wurde die „Mustersiedlung“ von deutschen „heimatvertriebenen“ Familien bezogen. Thomas Meinecke, Lebensgefährte von Melián und Mitmusiker bei F. S. K., beschreibt in seinem Roman *Musik* (2004) die mit dieser Geschichte verbundenen Veränderungen:

> Im September 1945 wurde das Areal von den Generälen Patton und Eisenhower inspiziert und zum ausschließlich jüdischen Lager erklärt. Die Memeler Straße wurde in New-York-Straße, die Metzstraße in Ohiostraße umbenannt, die Danziger Freiheit in Independenceplatz, der Adolf-Hitler-Platz in Rooseveltplatz. Der Jazz-Gitarrist Coco Schumann soll hier, im noch 1953 von der Süddeutschen Zeitung so genannten Wartesaal der Unglücklichen, gelebt haben. Es gab einen orthodoxen und einen zionistischen Kibbuz. Der Dramatikerkreis Negew lud zu Aufführungen und Lesungen ein. Im Lagerkino wurden in München entliehene deutsche Heimatfilme gezeigt. Deutsche Schlager wurden über die öffentlichen Lautsprechersysteme abgespielt. Aber die deutsche Polizei musste draußen bleiben.[25]

Nach dem Ende des DP-Lagers wurden die Straßen wiederum umbenannt: aus dem Roosevelt Square wurde der Seminarplatz, aus der

23 Heike Ander: Luftbetriebene Objekte. In: Melián: *Triangel*, S. 89–94, hier S. 89.

24 Ebd., S. 94.

25 Thomas Meinecke: *Musik*. Frankfurt am Main: Suhrkamp 2004, S. 248.

New York Straße die Rupertstraße und aus der New Jersey Straße die Korbinianstraße, ein Leitmotiv auch von *Föhrenwald*, wo Kinderstimmern immer wieder die Abfolge der sich verändernden Straßennamen aufzählen. Melián beschreibt im Interview: „Klammer für alle Aspekte war in meiner Arbeit die Architektur, die als Baukörper und Siedlungsanlage in Struktur und Erscheinung über diese Jahre der unterschiedlichen Bewohnergruppen immer die gleiche geblieben war."[26] Die etwa einstündige Ton-Diaprojektion aus ins Negative gekehrten Zeichnungen der Siedlungsarchitektur und Samples aus Kompositionen von Bach, Beethoven, Schubert und Mendelssohn Bartholdy[27] wird ergänzt durch Texte, die die unterschiedlichen Phasen der Siedlung dokumentieren: Berichte von ZwangsarbeiterInnen, Interviews mit ehemaligen jüdischen Bewohnern aus der Zeit als Displaced Persons Camp sowie Interviews mit den ab 1956 dort angesiedelten „heimatvertriebenen" Familien. „Die Aufnahmen übernehmen nicht die Originalaufzeichnungen, sondern sind von Schauspielern in sachlichem Ton eingesprochene Bearbeitungen von Interviews und Texten. Den Part der historischen Dokumente übernehmen distanziert-unbekümmerte Kinderstimmen"[28], schreibt Heike Ander in einem Essay über das Projekt. Die unterschiedlichen Zeitebenen werden über die Erinnerungen verknüpft, in ihnen zeigen sich Kontinuitäten, mit dem Ort verbundene Brüche sowie die Unsicherheiten, Probleme und Ängste der jüdischen Überlebenden der Shoah und die Ressentiments der deutschen Nachkriegsbevölkerung. Michael Hirsch spricht in einem im Buch abgedruckten Gespräch mit Nikolaus Hirsch von einer „Neutralisierung und Verdrängung der historischen Bedeutungsschicht" des ZwangsarbeiterInnen- und DP-Lagers in der Gegenwart und ergänzt: „Aber das Vergessene bleibt anwesend"[29] – anwesend hinter Garagen, Fernsehantennen und Straßenlaternen, den Versuchen, die Vergangenheit zu überformen. Dass

26 Engelmann: Erinnerungsräume, S. 84.

27 „Die verwendeten Kompositionen entstammen Schellackplattenaufnahmen, die in den Jahren 1931–35 von jüdischen Schallplattenfirmen [...] veröffentlicht worden sind." (Heike Ander: rpm. Die Drehzahl der Revolution. Michaela Meliáns Diainstallation „Föhrenwald". In: Dies. / Michaela Melián (Hrsg.): *Föhrenwald*. Frankfurt am Main: Revolver 2005, S. 17–25, hier S. 20.)

28 Ebd., S. 19–20.

29 Michael Hirsch / Nikolaus Hirsch: Waldstadt. In: Ander / Melián (Hrsg.): *Föhrenwald*, S. 129–136, hier S. 136.

Melián Schauspieler und Kinder die Texte neu einsprechen ließ, eine Distanz erzeugt zwischen Quelle und Kunstwerk, spiegelt auch eine Skepsis gegenüber diesem Prozess des Überschreibens, aber auch gegenüber der deutschen Sprache, die, wie Paul Celan dies formuliert hat, hindurchgehen musste „durch ihre eigenen Antwortlosigkeiten, hindurchgehen durch furchtbares Verstummen, hindurchgehen durch die tausend Finsternisse todbringender Rede“[30], wonach sie angereichert war von all dem. Die Sprache wird zu Bewahrerin von etwas Unheimlichem,[31] was etwa in den zwar distanziert-unbekümmert, jedoch gleichzeitig auch unsicheren Kinderstimmen zum Ausdruck kommt, oder auf den Inhalt bezogen in jenen Erinnerungen jüdischer Überlebender, die im Lager auf Jiddisch kommunizierten und die großteils ihre möglichst baldige Ausreise aus Deutschland im Blick hatten.[32] Diese Arbeit mit und an Sprache ist auch in *Memory Loops*, ebenso wie die Bezugnahme auf konkrete Orte, ein wichtiges Mittel Meliáns, sich dem Nationalsozialismus im Kunstwerk anzunähern.

„The past is never dead. It’s not even past.“[33] – Kunst, Erinnerung und Ritual

Während sich Projekte wie *Triangel* oder *Föhrenwald* in Kunstkontexten bewegen und auch als Kunst rezipiert wurden – wenn sie auch dennoch in der Auseinandersetzung mit der deutschen nationalsozialistischen Vergangenheit Teil des Gedenkens an diese Vergangenheit sind –, so bewegt sich das Projekt *Memory Loops* als Auftragsarbeit der Stadt München explizit im Kontext staatlicher Gedenkpolitik. Im Interview merkt Melián zu diesem Umstand an: „Mit den *Memory Loops* legt sich nun eine Art auditive Struktur über den Stadtplan, das ganze Stadtgebilde wird hier als Träger des Denkmals definiert

30 Paul Celan: Ansprache anlässlich der Entgegennahme des Literaturpreises der Freien Hansestadt Bremen. In: Ders.: *Gesammelte Schriften*, Bd. 3, hrsg. v. Beda Allemann / Stefan Reichert. Frankfurt am Main: Suhrkamp 1983, S. 185–186, hier S. 185.

31 Vgl. Paul Celan: Der Meridian. Rede anlässlich der Verleihung des Georg-Büchner-Preises Darmstadt, am 22. Oktober 1960. In: Ders.: *Gesammelte Schriften*, Bd. 3, S. 187–202, hier S. 192.

32 Vgl. dazu Jim G. Tobias: „Wir sehnten uns nach einem eigenen Land“ – Holocaust-Überlebende bereiten sich in Oberbayern auf den israelischen Unabhängigkeitskrieg vor. In: Ander / Melián (Hrsg.): *Föhrenwald*, S. 89–95.

33 William Faulkner: *Requiem for a Nun*. Harmondsworth: Penguin 1960, S. 81.

und entzieht sich somit auch den offiziellen Erinnerungsritualen."[34] Ein Denkmal ohne konkreten Ort, bzw. eine ganze Stadtstruktur als Gedenkraum, entzieht sich den staatstragenden Formen ritualisierten Gedenkens an die Shoah, die Daniel Levy und Nathan Sznaider als zentralen Bestandteil einer globalisierten Erinnerungskultur beschreiben:

> Die Erinnerung an den Holocaust wird zu einer europäischen Erinnerung, die Europa dazu verhelfen kann, ein eigenes (wenn auch negatives) Wertesystem zu entwickeln. Der Preis, der dafür gezahlt wird, ist die Entkontextualisierung der Geschichte.[35]

Die Shoah wird in dieser Entkontextualisierung zu einer Metapher, einer „Metapher für das Böse"[36], wie Saul Friedländer schreibt, mit dem wiederum alles identifiziert werden kann: „die historische Dekontextualisierung, die das Ereignis der Shoah allen Zugriffen öffnet, kann dazu führen, dass der Holocaust in einem obszönen Prozess durch Institutionen instrumentalisiert wird."[37] Auf die Gefahren einer instrumentalisierten Erinnerungskultur hat Theodor W. Adorno bereits 1951 in seinen *Minima Moralia* hingewiesen, wo er schreibt, „selbst das Vergangene ist nicht mehr sicher vor der Gegenwart, die es nochmals dem Vergessen weiht, indem sie es erinnert."[38] Wenn Erinnerung nämlich ihres Inhaltes entleert ist, sich in Ritualen erschöpft, so geht das zu Erinnernde darin verloren. Jean Améry schreibt im Vorwort zur Neuausgabe seines Überlebensberichtes *Jenseits von Schuld*

34 Engelmann: Erinnerungsräume, S. 86.

35 Daniel Levy / Nathan Sznaider: *Erinnerung im globalen Zeitalter: Der Holocaust.* Frankfurt am Main: Suhrkamp 2007, S. 11.

36 Saul Friedländer: *Kitsch und Tod. Der Widerschein des Nazismus.* Frankfurt am Main: Fischer 2007, S. 118.

37 Peter Waldmann: Die jüdischen Punks, die Kabbalisten des Rock. In: Steven Lee Beeber: *Die Heebie-Jeebies im CBGB's. Die jüdischen Wurzeln des Punk.* Mainz: Ventil 2007, S. 9–18, hier S. 18. Vorbereitet wurde dieser Prozess der Universalisierung der Shoah unter anderem durch Ereignisse wie das Russell-Tribunal, in dessen Verlauf, wie der Historiker Berthold Molden gezeigt hat, die Vernichtung des europäischen Judentums als Kulmination von Imperialismus und Kapitalismus verhandelt wurde, nicht als singuläres Ereignis, sondern lediglich als Warnung, dass Ähnliches und Schlimmeres folgen könnten. Vgl. Berthold Molden: Genozid in Vietnam. 1968 als Schlüsselereignis in der Globalisierung des Holocaustdiskurses. In: Jens Kastner / David Mayer (Hrsg.): *Weltwende 1968? Ein Jahr aus globalgeschichtlicher Perspektive.* Wien: Mandelbaum 2008, S. 83–97.

38 Theodor W. Adorno: *Gesammelte Schriften*, Bd. 4: Minima Moralia. Reflexionen aus dem beschädigten Leben. Frankfurt am Main: Suhrkamp 1997, S. 52.

und Sühne 1976, er rebelliere „gegen eine Gegenwart, die das Unbegreifliche geschichtlich einfrieren lässt und damit auf empörende Weise verfälscht."[39] In diesem „Einfrieren von Geschichte" im Sinne eines Abschließens von Geschichte oder Einschließens in staatstragende Gesten des Gedenkens wird, wie Peter Waldmann oben zitiert wurde, der Holocaust durch Institutionen instrumentalisiert: „Die Denkmäler der Shoah werden dann zu mächtigen Monumenten der eigenen ethischen Vollkommenheit."[40] Dieses Vergewissern der eigenen ethischen Vollkommenheit im Gedenken lässt *Memory Loops* nicht zu; Melián beschreibt ihr Konzept im Interview:

> Das Zeitfenster für diese Berichte ist […] nicht 1933 bis 1945, der offizielle Zeitraum der Existenz des nationalsozialistischen Staates, sondern setzt etwa mit dem Scheitern der Münchner Räterepublik ein und reicht bis heute. Die von mir interviewten Personen berichten z. B. aus einer heutigen Perspektive von ihren Erfahrungen in der Nachkriegszeit und reflektieren den heutigen Umgang mit ihrer Geschichte.[41]

Neben diesen – für das Projekt geführten und von SchauspielerInnen eingesprochenen – Interviews stehen Originaldokumente, die wiederum von Kindern eingelesen wurden. Diese Dokumente – Akten, Zeitungsartikel, Anzeigen – hat Melián, wie sie in einem Interview mit Kerstin Stakemeier erklärt, „im übertragenen Sinn wie Abbildungen behandelt […]. Sie wurden eins zu eins von den Kindern gelesen, sind auch nicht mit Musik kombiniert, sondern wurden sozusagen freigestellt."[42] Insgesamt sind auf diese Weise 300 deutschsprachige (und 175 englischsprachige) Tonspuren entstanden, jede Erinnerungsspur eine Collage aus Stimme und Musik, in unterschiedlichen Längen, die einem konkreten Ort im Stadtraum München zugeordnet ist. Die fünf längsten Tonspuren, jeweils etwa eine Stunde umfassend, lassen sich als Hörspiel auf der Homepage www.memoryloops.net herunterladen oder auf MP3-Playern gespeichert in diversen Museen

39 Jean Améry: Jenseits von Schuld und Sühne. In: Ders.: *Werke*, Bd. 2, hrsg. v. Irene Heidelberger-Leonard. Stuttgart: Klett-Cotta 2002, S. 7–177, hier S. 18.

40 Waldmann: Die jüdischen Punks, die Kabbalisten des Rock, S. 17.

41 Engelmann: Erinnerungsräume, S. 86.

42 Kerstin Stakemeier: „Ich bin argwöhnisch gegenüber jeder staatstragenden Metaphorik". Michaela Melián im Gespräch mit Kerstin Stakemeier über Memory Loops, ihr virtuelles Denkmal für die Opfer des Nationalsozialismus um Stadtraum München. http://www.textezurkunst.de/daily/2011/jan/04/ich-bin-argwohnisch-gegenuber-jeder-staatstragende/ (Zugriff am 11.05.2012).

Münchens entleihen, darüber hinaus sind an 61 Standorten im Münchner Stadtgebiet Hinweistafeln angebracht, über welche die mit diesen konkreten Orten verbundenen Erinnerungsloops abgerufen werden können; das Werk funktioniert erst durch den Nutzer, wie Melián im Interview beschreibt: „Durch die Struktur der vielen Player auf der *Memory Loops*-Website ergibt sich durchaus die Form eines Archivs, das allerdings auf einer persönlichen und künstlerischen Auswahl von mir beruht und das auch erst durch die Nutzer funktioniert.“[43] Die Erinnerungen der Interviewten sind mit Musik unterlegt, diese funktioniert, wie Melián in einem Interview sagt, als eigene Erzählerstimme:

> Ich habe für die Arbeit fünf Musikstücke produziert, die jeweils auf einem anderen Sample basieren. Diese Samples, kürzeste Schnipsel von Pianoklängen aus Werken von Felix Mendelssohn-Bartholdy, Coco Schumann, Kurt Weill und Karl Amadeus Hartmann wurden bearbeitet, geloopt und mit mehreren Schichten von analog eingespielten Instrumentalspuren kombiniert [...].[44]

Fragmente von Musik bilden eine parallel zum gesprochenen Wort arbeitende Bedeutungsschicht, neben den „Erzählungen von Menschen, die in der offiziellen Geschichtsschreibung eher zu kurz kommen“[45], wie Melián im Interview beschreibt. Weiter sagt sie:

> Wichtig war für mich, auch denjenigen Gehör zu verschaffen, die bislang als Opfergruppe gar nicht existent sind, keine Stimme haben, wie z. B. den Euthanasieopfern oder den Zwangssterilisierten. Außerdem wollte ich möglichst auch Quellen von sogenannten Bystandern, also Nachbarn, Zuschauern finden, was außerordentlich schwer war. Hier besteht eine riesige Lücke in den Archiven, und diese Lücke wird deshalb auch durch *Memory Loops* ausgestellt.[46]

So werden diese Lücken etwa kenntlich gemacht, indem eine dreieinhalbminütige Tonspur das Veranstaltungsprogramm des 9. November 1938 wiedergibt. Der Tag war ein nationaler Feiertag, viele Menschen waren unterwegs und haben als ZuschauerInnen die Ausschreitungen in der Pogromnacht wahrgenommen, auf dem Weg vom Theater oder dem Nachtclub nach Hause:

43 Engelmann: Erinnerungsräume, S. 87.

44 Stakemeier: „Ich bin argwöhnisch gegenüber jeder staatstragenden Metaphorik“.

45 Ebd.

46 Ebd.

> Theater: Nationaltheater / Staatsoper: Anlässlich des nationalen Gedenktages Richard Wagner: Tristan und Isolde. […] Volkstheater: Glaube und Heimat. Schicksal eines Volkes. Von Karl Schönherr. […] Kabarett Benz: […] Das große Kabarettprogramm mit Karl Valentin. […] Kammerlichtspiele: […] Mädchen in Shanghai. Mit Loretta Young […] Museumlichtspiele: Die Fabel von King Kong. […] UFA-Theater am Sendlinger Tor. Heimat. Mit Zarah Leander.[47]

Das Wegsehen wird damit ebenso in den Mittelpunkt gerückt wie die Kontinuitäten deutscher Geschichte:

> Z. B. findet man am Polizeipräsidium Ettstraße, wo schon viele Jahre vor 1933 Karteien über Sinti und Roma in Bayern angelegt, Kommunisten und Homosexuelle katalogisiert wurden, Stimmen von politischen und jüdischen Häftlingen, von Opfern des §175 und der Volksschädlingsverordnung, aber auch von Denunzianten und Polizisten.[48]

Für die Kontinuität deutscher Geschichte ist der Umgang mit §175 nur ein, wenn auch prägnantes, von vielen Beispielen: Der seit 1871 existierende, 1935 verschärfte Paragraph behielt bis zu seiner Reform 1968 seine Gültigkeit, da er „nicht typisch nationalsozialistisch"[49] sei.[50] Und zu den Kontinuitäten gehören auch „Geschichten von Menschen, die schon 1922 in der Münchner Innenstadt verprügelt wurden, wenn sie den Hut nicht vor den SA-Männern zogen, […] ebenso […] wie das politische Desinteresse nach 1945, das Konzentrationslager Dachau in eine Gedenkstätte umzuwandeln."[51] Diese Form des Gedenkens, die Kontinuitäten und eben nicht einen abgeschlossenen Aspekt der Geschichte in den Mittelpunkt rückt, stellt sich quer zu der von Peter Waldmann beschriebenen Instrumentalisierung des Erinnerns. Und ebenso wenig wie es einen konkreten Ort des Erinnerns gibt, im Einlassen auf *Memory Loops* permanent das Verhältnis des historischen wie auch des gegenwärtigen Ortes mitgedacht werden muss, bleibt auch der Umgang mit dem Interviewmaterial

47 Tonspur 281. Marienplatz. www.memoryloops.net (Zugriff am 11.05.2012).

48 Engelmann: Erinnerungsräume, S. 86.

49 Rüdiger Lautmann: Die Politik des Vergessens – die Arbeit des Erinnerns. In: Burkhard Jellonek / Rüdiger Lautmann (Hrsg.): *Nationalsozialistischer Terror gegen Homosexuelle.* Paderborn: Schöningh 2002, S. 301–315, hier S. 303.

50 Vgl. zum Erinnern im öffentlichen Raum an die durch §175 Verfolgten Jonas Engelmann: Veruneindeutigungen. Ines Doujaks Projekt „Mahnwache" zur Erinnerung an die Verfolgung von Lesben, Schwulen und transsexuellen Personen in Österreich während des Nationalsozialismus. In: *Phase 2* 38 (2010), S. 56–59.

51 Kendra Eckhorst: 300 Tonspuren. In: *Jüdische Allgemeine*, 30.09.2010, http://www.juedische-allgemeine.de/article/view/id/8739 (Zugriff am 11.05.2012).

widerspenstig gegenüber der Präsentation von Subjektgeschichten beispielsweise in Ausstellungen an Gedenkorten. Cornelia Geißler hat am Beispiel der Ausstellungen am Denkmal für die ermordeten Juden Europas, im Haus der Wannsee-Konferenz und der KZ-Gedenkstätte Neuengamme aufgezeigt, wie die individualisierte Biographie beim Betrachter zwar Empathie erzeugen, diese jedoch in eine wirkliche Erkenntnis verhindernde Identifikation umschlagen kann.[52] „Einer Person wird hier nicht ihre Biografie zurückgegeben, sondern sie wird stellvertretend für viele andere, die keine Stimme haben, bearbeitet und vorgestellt", erklärt Melián in einem Interview.[53] Sie fordert von den Rezipienten Arbeit ein, Arbeit, die notwendig ist und die auch ein Nachdenken über die Gegenwart mit einschließt: „Was mir besonders wichtig erscheint im Zusammenhang mit dem Gedenken, ist, dass durch das Hören, das nicht so schnell geht wie das Sehen, man dem Gedenken auch Zeit schenken muss."[54]

52 Vgl. Cornelia Geißler: Zur aktuellen Repräsentation des Nationalsozialismus an Orten des Gedenkens. Überlegungen zu Möglichkeiten und Grenzen subjektorientierter Zugänge in der Ausstellungsdidaktik In: Christiane Heß / Julia Hörath / Dominique Schröder / Kim Wünschmann (Hg.): *Kontinuitäten und Brüche. Neue Perspektiven auf die Geschichte der NS-Konzentrationslager*. Berlin: Metropol 2011, S. 204–220.

53 Eckhorst: 300 Tonspuren.

54 Engelmann: Erinnerungsräume, S. 87.

„Das Wirklichkeitsgefüge, in dem man sich sonst so wohlig aufhält, zu irritieren“

Ein Gespräch mit Claudia Bosse (theatercombinat, Wien) über die Produktionen *BAMBILAND08* und *THE TEARS OF STALIN*

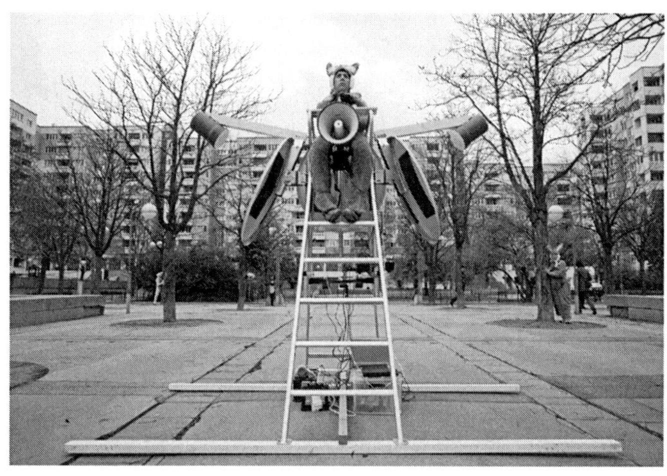

Abb. 1: *Bambiland*, 2008.

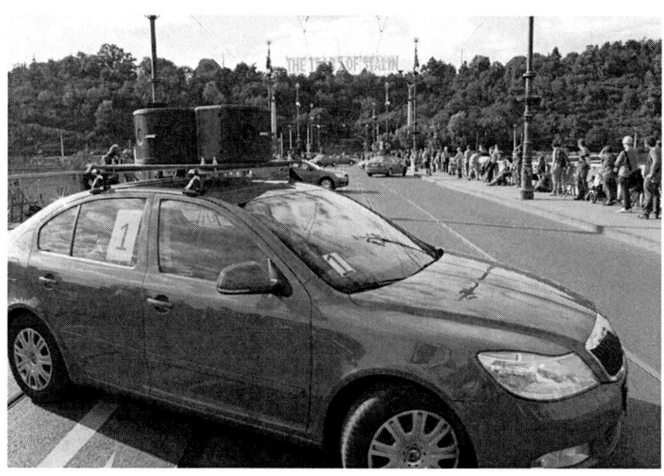

Abb. 2: *Tears of Stalin*, 2011.

Wir möchten vor allem mit dir über deine Arbeiten im Stadtraum sprechen, um genauer zu sein: über die Arbeiten, in denen du insbesondere mittels der Choreographie von Objekten, PerformerInnen und Sound im Klangraum der Stadt operierst. Beschäftigt man sich mit deinen Arbeiten, hat man den Eindruck, dass sie einerseits eine gewisse choreographisch-konzeptionelle Strenge und Genauigkeit aufweisen, andererseits aber offene Situationen kreieren, deren Ausgang nicht von vornherein klar ist. Gerade auf BAMBILAND08 *scheint das zuzutreffen.*

Claudia Bosse: *BAMBILAND08* war der vorletzte Teil innerhalb der Serie t*ragödienproduzenten*, was wesentlich war für den Kontext, d.h. es ging um eine Auseinandersetzung mit der Tragödie als einem bestimmten Tool einer gesellschaftlichen Praxis. *BAMBILAND08* stand stark der Inszenierung *Die Perser* gegenüber, die im Staatstheater Braunschweig mit sehr großen Chören stattgefunden hat, mit einem anderen Begriff von öffentlichem Raum, der meint, dass man die Stadt oder die BürgerInnen der Stadt an einem Arbeitsprozess beteiligt und dann gemeinsam die Bühne eines Staatstheaters einnimmt. Dem stellte *BAMBILAND08* eine Praxis im Stadtraum Wiens gegenüber und diesen speziellen Text, der die Medialisierung und Problematisierung des Irakkrieges in Mitteleuropa über verschiedene Sprechhandlungen und Adressierungen problematisiert.
Wir versuchten, diesen Text nicht in einem Exklusivraum zu verhandeln, sondern ihn in die Stadt heraus zu tragen. Dazu gehörte die Überlegung, im Gegensatz zu den *Persern* eine andere Art von Chorarbeit zu entwickeln und für diese Chorarbeit den Text Elfriede Jelineks mit einer Frauenstimme über mehrere Kanäle aufzunehmen und auf zwölf Lautsprecher-Objekte aufzuteilen. Ich habe dann eine Partitur erstellt und begonnen, über vier Wochen mit der Sprecherin Anne Bennent gemeinsam an dieser Partitur zu arbeiten, die mit Wolfgang Musil in fünf Tagen aufgenommen wurde. Zunächst haben wir daran gearbeitet, den Text in seiner Struktur, in seiner Interpunktion und den zum Teil elend langen Satzbögen zu verstehen und für die Sätze und den gesamten Text eine Ökonomie und besonders den Atem zu finden. Ich habe großen Wert darauf gelegt, Aussagen nicht vorwegzunehmen, sondern mit den Worten den Wortverlauf im Moment zu konstruieren und damit die Sprechakte des Textes zu aktivieren und die unterschiedlichen Sprechpositionen, über die dieser Text

konstruiert ist, zu ergreifen. Ich habe Anne gebeten, den Text wie einen Dialog zu sprechen, einen Dialog mit jemandem, der antworten und/oder eingreifen soll, aber immer entlang der Struktur des Textes. Das war wesentlich für die Pausen nach den Sätzen, den Fragen, etc., die den Raum für die späteren ZuhörerInnen und ihr Denken öffnen sollten. Und was so merkwürdig klingt, sich vorzustellen: dass sie den Weg vom Mikrofon über den Lautsprecher in den Stadtraum im Sprechen mitdenkt, spannt, führt – eben das Erreichen oder Durchziehen des Raumes mit der Stimme. Die Partitur war in der Lautstärke von sehr laut bis Flüstern und in der Tonhöhe, als Resonanzraum in ihrem Körper, unterschieden, sowie im Overdubbing, dem Nachsprechen des gleichen Textes. Dabei wurden einmal die Verben, dann die Substantive mehr betont, oder aber es war beim Wiedersprechen der gleichen Textstelle ihre Stimmlage ein wenig höher als die zuerst eingesprochene Grundstimme. Die Grundstimme hat sie in einem, das war mir wichtig, entlang der Partitur eingesprochen. Zu dieser waren dann die verschiedenen Overdubbings aufgenommen, oder aber die Verteilung der Grundstimme arrangiert auf zwei, drei oder manchmal auch vier Kanäle. Wir sind dann auf eine interessante, grundlegende Fragestellung zum Chor gekommen, weil Anne mit sich selbst einen Chor bilden musste. Sie hat sich gehört und hat dann wieder mit sich selbst gesprochen. Diese Vier-Kanal-Aufnahme war für über längere Zeit mit Simon Häfele gemeinsam entwickelte Klangobjekte geplant, die dann im öffentlichen Raum stehen sollten. Es war klar: Es gibt eine Vier-Kanal-Aufnahme, die dann jeweils drei Klangobjekte als Sprechkörper bespielt, d. h. die drei Objekte, die einen der vier aufgenommenen Kanäle ausstrahlen, bilden zusammen zwölf Objekte und so einen klassischen griechischen Chor. Diese Klangobjekte konnten dann von PerformerInnen im Stadtraum unterschiedlich bewegt werden und den Klang in den jeweiligen Stadtraum, der immer schon an sich eine Komposition von Klängen ist, unterschiedlich einschreiben. In diesem Stadtraum haben auch die Bewegungskonfigurationen, die zum Teil durch die Partitur vorgegeben waren, auf dessen je spezifische Klanglichkeit reagiert – immer mit dem Aspekt der kompletten Unkontrollierbarkeit des öffentlichen Raumes. Die Dauer der Aufnahme betrug zwei Stunden und 47 Minuten. Es gab in Wien sieben verschiedene Interventionen und für diese haben wir gemeinsam mit Alexander Schellow, Christine Standfest und Gerald Singer ein Gesamt-Raumkonzept entwickelt. Ich habe in sehr kurzer Zeit an diesen Orten eine Choreografie für die jeweilig verwendeten Klangkörper und reagierend auf die vorhandene Architektur entworfen. Es gab zwei bis drei verschiedene Sets: beispielsweise ein Set mit einer bestimmten Lautsprechersetqualität, deren sehr intimer Sound sehr weit projiziert werden konnte, und es gab ein Set mit Megafonen, die natürlich mit dieser Sprachaufnahme einen bestimmte Wiedererkennungsrahmen erstellt haben, weil das Megafon oft mit politischer Propaganda assoziiert wird. Jeder Klangkörper hatte unterschiedliche Klangcharakteristiken und auch die Orte hatten in ihrer Klanglichkeit, Architektur und symbolischen Besetztheit in Wien jeweils komplett andere Funktionen und Bedeutungen. Aber in ihnen wurde immer die ganze Sprach-Komposition, jeweils unterschiedlich choreographiert, abgespielt.

Bleiben wir zunächst bei den Orten. Deine Arbeit schreibt sich in die alltäglichen Choreographien der Stadt und die mit diesen verbundene Akustik ein. Welche Orte in Wien waren für die Stationen der Intervention entscheidend? Es war zum Beispiel der Schwarzbergplatz dabei. Was waren die Auswahlkriterien?

Die Auswahlkriterien waren einerseits zu sagen: Wo gibt es eigentlich von der räumlichen Konfiguration her unterschiedliche Dimensioniertheiten, wie sind sie unterschiedlich in das urbane Netz integriert und wie sind sie symbolisch besetzt? Der Schwarzbergplatz war ganz klar einerseits wegen des Russendenkmals interessant, andererseits wegen seiner Neugestaltung – eine sehr große weite Fläche mit diesem Monument, im Hintergrund gleichzeitig in einer Achse zur Ringstraße, mitten in einer stadtverkehrsumfahrenen Situation. Zugleich bietet er genügend Aushandlungsplatz, so dass man dort mit recht üppigen Objekten verfahren konnte. Demgegenüber steht eine sehr viel konzentriertere Situation am Donaukanal, wo der erste Bezirk zum zweiten Bezirk eine Grenze schlägt. Der Kanalbereich zwischen Drogendeal und Vergnügungskultur, wo also Freizeitgestaltung sehr unterschiedlich besetzt ist, hat als akustische Reflexionsrahmung einen komplett anderen Sound erzeugt und wurde mit anderen Objekten bespielt.

Dem wiederum gegenüber steht das Haus des Meeres. In den Flaktürmen, die während des Zweiten Weltkrieges als Dreieck um den

Stephansdom und immer in Zwillingspaartürmen gebaut wurden, ist in einem das Haus des Meeres drin, aber zugleich stellt die stadtkriegerische Architektur ihren merkwürdigen Kontext. Es gibt dort Unterwasserlandschaften für kleine Kinder und gleichzeitig eine Gedenkstätte. Dort war die Variante, die Intervention auf dem Flakturm mit einer fast pathetischen Geste der Verlautbarung vom Dach zu beginnen, damit die zentrale Funktion des Turmes akustisch auszunutzen und anschließend die Leute einzuladen, sich durch das Haus des Meeres mit den unterschiedlichen Sozialisationen der Reptilien und Fische zu bewegen und diese Art von Gesellschaft zu betrachten, während man den *Bambiland*-Text hört, je nach Raum aus unterschiedlichen Quellen und in unterschiedlichen Situationen, mit seinen verschieden ideologischen Sprechhandlungen und Beschreibungen kriegerischer Handlungen. Dass man dann oben auf dem Dach endete und wiederum auf die Stadt schaute, aus der man kam, das war eine schöne Umdrehung der Perspektive.
Und als drittes anderes Beispiel: die Bespielung der Rennbahnwegsiedlung, in der die akustischen Objekte als Medientürme funktioniert haben. Hierbei war die Frage: Wo gibt es in Wien Wohnkontexte oder institutionalisierte Sozialutopien, die zu einer bestimmten Art von Bauen und Wohnen geführt haben? Es ging darum, sich dort einzuschreiben, parallel drei Höfe zu bespielen, an diesem Ort durch die Tierkostüme auch eine bestimmte Kontextualisierung eines Aspektes von Jelineks *Bambiland*, der sich auf Felix Saltens im Ersten Weltkrieg entstandene Gesellschaftsparabel *Bambi* bezieht, vorzunehmen und das wieder in diesen halböffentlichen Wohnbau hineinzulegen.

In BAMBILAND08 *ging es auch um eine permanente Adressierung der PassantInnen oder der zu ZuschauerInnen und ZuhörerInnen gewordenen PassantInnen. Wie wurde diese Adressierung aufgenommen? Was war das für ein Wechselspiel oder Zusammenspiel?*

Da gab es bei uns eine längere Diskussion, ob man eine Aktion im öffentlichen Raum ankündigt oder einfach stattfinden lässt. Wir haben uns dann entschlossen, sie anzukündigen, und dadurch ergab sich eine zweigeteilte oder vielleicht auch dreigeteilte Öffentlichkeit. Einerseits Menschen, die hinkommen, weil sie wissen, warum sie da hinkommen, und andererseits die, die diesen Ort passieren. Das

Interessante an dem Jelinek-Text ist: Sie arbeitet mit verschiedenen Sprachmasken, die sich ja auch verweigern, eine richtige Haltung einzunehmen. Der Text agiert über die Problematisierung verschiedener Haltungen. Damit werden auch viele politisch inkorrekte Aussagen getroffen und es ist sehr interessant, wenn dann diese Sätze auf PassantInnen treffen, die zum Teil empört reagieren oder nicht wissen, wie sie es kontextualisieren sollen, dann eine kurze Aussage treffen oder länger bleiben und versuchen, dieses merkwürdige Ereignis dieser fast retro-futuristischen Anordnung einzuordnen. In dieser Art öffentlichem Kontext ist die Rezeptionsdauer und Rezeptionshaltung in keinster Weise mehr kontrollierbar und setzt natürlich so eine Arbeit einer Fragmentierung der Eindrücke aus. Es stellt sich natürlich immer die Frage: Hat man das Recht, temporär totalitär einen öffentlichen Ort mit etwas Bestimmtem zu besetzen und seiner immer schon totalitären, doch im Stadtgebrauch gewöhnten Fügung kurzfristig zu entreißen. Das führt immer per se zur Auseinandersetzung, was ich jedoch interessant finde – wenn es eine Verschiebung des Sozialraums, des Stadtraums, des visuellen Raums oder auch des akustischen Raums gibt.

Mit den AkteurInnen, Gepäckwagen, Lautsprechern, Mikrofonhelmen etc. scheint BAMBILAND08 *einen ebenso bewegten wie installativen Raum zu schaffen, in dem sich Körper, Objekte und eine körperlose Stimme auf immer wieder neue Weise miteinander verknüpfen und überkreuzen. Dazu heißt es in der Beschreibung zu* BAMBILAND08*: „Menschen steuern Geräte, die mit einer Stimme sprechen, die zu sich spricht, Menschen verschmelzen und tanzen mit Objekten." Der Chor als Klangkörper ist dabei im Wortsinn auch Träger der Botschaft, also Trägermedium.*

Genau, das war auch interessant für den Arbeitsprozess. Es gab kurze, schnelle Proben, die, weil wir wenig Zeit hatten, sehr über meine Ansagen organsiert waren, so dass der Körper der PerformerInnen zum Trägermedium dieser einen Stimme wurde, und zugleich hat dies die Körper, die diese gleiche Stimme tragen oder bewegen, als Individuum in eine eigenartige Funktion versetzt. Plötzlich bist du in einer Funktion zu einem Gesamtgefüge. Aber nicht mehr als Ausdruck deiner Selbst für Irgendetwas, sondern in einer Funktion für eine gesamte Konstellation – in der du auch einen kollektiven Körper mitbildest. Interessant war, dass durch diese Enteignung oder Übereignung und diese spezielle Form von Verkörperung auch ganz viele Fragen zu deiner eigenen Stimme als Teil auch deiner politischen Position oder deines Seins sich gestellt haben. Weil jeder Körper mit dieser einen gleichen Frauenstimme oder als Bedeutungsträger, diese Stimme durch den Raum tragend, informiert wurde.

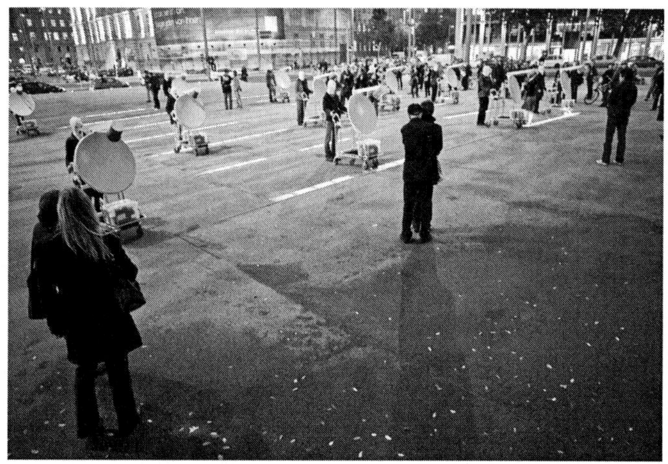

Abb. 3: *Bambiland*, 2008.

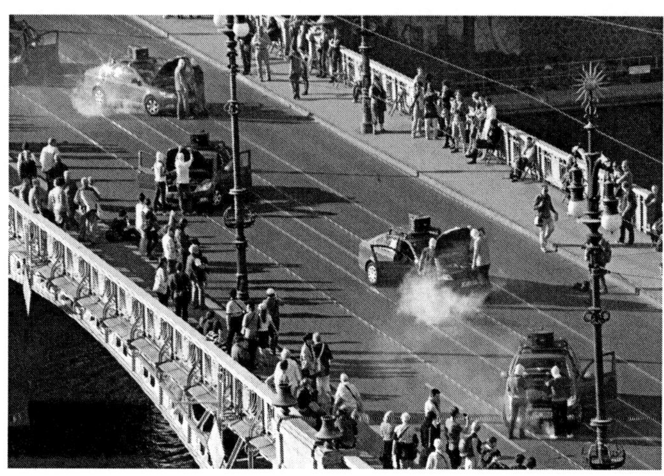

Abb. 4: *Tears of Stalin*, 2011.

Bertolt Brechts Rat an die Städtebewohner war „Verwisch die Spuren" – du scheinst hingegen durch das Arrangieren und Choreographieren der Stimme den Apparat, der sie hervorbringt, dezidiert auszustellen.

Das ist für mich eine grundsätzliche Frage, wenn du im öffentlichen Raum agierst: Wie deutlich willst du eingreifen oder wie unauffällig willst du in diesem anwesend sein oder möchtest du auch eine Verschiebung des Ablaufs der Funktionalitäten des Öffentlichen erzeugen – als ein Organismus. Dieser Apparat von Abläufen, auch als eine Setzung gegen den anderen, bereits vorhandenen Apparat der Abläufe, ist für mich in diesen kurzen drei Stunden des Intervenierens ein wichtiger Aspekt – indem, wie er dann als Gegenapparat die Abläufe stört oder auch anders informiert, als Kontrastmittel anderer Funktionsweisen gilt und nie nur auf sich verweist, sondern immer als Funktion in diesem Gesamtfunktionsgefüge Stadt auch eine Unterbrechung darstellt.

Wenn man dieses Verhältnis zwischen der Architektur des Stadtraumes und der Choreographie der Intervention betrachtet, scheint es neben den Differenzen – aufgrund der Anordnung bleiben PerformerInnen und Objekte ausgestellt – auch Verbindungen zu geben. PerformerInnen und Objekte fügen sich als Elemente in die Szenographien der Orte ein, passen sich in Vorhandenes, in den Stadtraum ein.

Was ich interessant finde im Stadtraum sind zwei Ebenen. Einerseits auf vorhandene Strukturen innerhalb eines Gefüges hinzuweisen und die unterschiedlichen Performative ernst zu nehmen, andererseits zu ihnen eine Differenz zu schaffen im Sinne einer Unterbrechung, auch im Sinne der Unterbrechung einer Wirklichkeitswahrnehmung. Einer Wirklichkeitswahrnehmung, die häufig eigentlich nur darin besteht, dass man als StädtebewohnerIn nie mehr dort ist, wo man eigentlich ist, sondern dass man in Abläufen funktioniert. Und diese Art der Unterbrechung geschieht über die Adressierung und zugleich über diese Art von merkwürdigen Gefügen, die fast militärisch anmutenden Anordnungen – je nach Ort war das z. B. bei *BAMBILAND08* sehr unterschiedlich –, die den Raum oder Platz beanspruchen, diesen Ort visuell wie auch akustisch beschreiben. Was das Potential von Stadtinterventionen als solches darstellt, das ist das Gefüge von Bedeutungszusammenhängen und Funktionalitäten kurzfristig zu unterbrechen, auszusetzen, eine andere Möglichkeit einer anderen Wirklichkeit wahrscheinlich zu machen. Und damit das Wirklichkeitsgefüge, in dem man sich sonst so wohlig aufhält, zu irritieren.

Eine andere Einschreibung in die akustische Ordnung der Stadt fand mit der Intervention THE TEARS OF STALIN *in Prag statt. Kannst du bitte kurz beschreiben, wie diese Arbeit aufgebaut ist?*

Es ging die Einladung seitens der Prager Quadriennale mit den Worten an mich, man wolle etwas Monumentales haben. Und ich dachte: Was ist das für eine merkwürdige Anrufung, die da stattfindet. Ich habe mich aber dann nach der Prüfung der Umsetzungsmöglichkeiten dafür entschlossen. Mich interessierte es, eine dreiteilige Intervention zu entwickeln, bei der ich über drei verschiedene Ebenen versuchen wollte, den Stadtraum zu informieren. D.h., die drei Teile sollten Referenz auf das größte Stalin-Denkmal nehmen, das erst nach Stalins Tod inauguriert wurde und das auf dem Letná-Hügel prangte, aber sieben Jahre nach den Chruschtschow-Edikten gegen den Personenkult gesprengt wurde. Und sich so einerseits auf diese doch merkwürdige Geschichte von Prag zu beziehen, vielleicht auch gerade im Zusammenhang ihrer Position bis 1989 – und andererseits zu reflektieren: Was waren Ursprünge, was waren Referenzen für die sogenannte Samtene Revolution, die stattgefunden hat, wo auch dieser Ort wichtig war, weil aus dem Fundament dieses Denkmals die erste freie Radiostation, genannt Radio Stalin, sendete. D.h., ich habe mich auf diesen Ort kapriziert und gedacht: Das ist ein Ausgangspunkt, eine Ausgangsachse, von der aus mich die Stadt interessiert, die ja zwischen Historienkitsch und Touristenterror so merkwürdig unwirklich erscheint. Diese Achse führt vom Letná-Hügel eigentlich direkt über die Channel-Gucci-lalala-Straße bis zur Altstadt.

Zu dieser unwirklichen Erscheinung der Stadt, die als Kulisse wirkt, passen diese im Stil des Hollywood-Signs gehaltenen riesigen Letter, die im Rahmen von THE TEARS OF STALIN *an die Stelle des Monuments gestellt wurden.*

Genau. Also unwirklich auf dieser merkwürdigen Oberfläche, die sich für eine Imagination über die Stadt Prag und ihre Historie zwischen den Lagern und Kafka ihre eigene Identität schafft. Es gab drei Elemente, einerseits dieser merkwürdige Hügel, der wie eine Wunde schien, auf den ich die Lettern „The Tears of Stalin" gesetzt habe und die aus dem allgemeinen Stadtbild hervorstachen. Ich wollte das mit einem stummen Chor konterkarieren, für den 500 bis 1.000 Leute vorgesehen waren, die vom Berg aus bis zur Altstadt diese ganze Straße als eine stumme Konstellation sperren, die diesen Stadtraum für sich aussetzt und beansprucht. Die eine lose Konstellation bilden, die eine Unterbrechung darstellt, aber nach 50 Minuten dieser Stillstellung dann die Fiktion der eigenen Biografie flüsternd spricht. Ich wollte den Fragen nachgehen: Welche Funktion hat der öffentliche Raum? Welche Funktion hat der Privatraum, was ist die Verbindung zur eigenen Biografie? Wie stellt man das aus oder nicht? Was ist der Raum des Politischen im Öffentlichen und existiert der überhaupt? Wichtig war mir einerseits diese große Menge mit einer Absicht, die aber individuelle Haltung erzeugt hätte, plus die Darbietung oder das Teilen der eigenen Biografie, die auch im Futur gesprochen werden sollte. Eine Menge, die eine Mischung sein sollte aus physischem Chor und einer Art lebendem Archiv. Der dritte Teil war ein Autochor und angelehnt an den russischen Komponisten Arseni Michailowitsch Araanow, der auch mit Sirenen gearbeitet hat, ist eine Komposition mit Sirenengeräuschen entstanden, zu der zehn Autos durch die Stadt fahren mit einer Komposition von Sirenentönen – ein Ausnahmezustand. Die Töne haben als Frequenzpaare miteinander jeweils eine Bewegung hergestellt. Und dieser Chor der Autos sollte wieder auf diesen stillen Chor treffen – also das Visuelle, die Art der Zurücknahme des Sprechens und der Einsatz des Körpers als eine Besitznahme des öffentlichen Raumes zu diesem Autochor, der den gesamten Innenstadtbereich bespielen sollte. Es war aber so, dass aufgrund verschiedener unglückseliger Zusammenhänge mit der Organisationsstruktur es mehrere Versuche gab im öffentlichen Raum, die auch wahnsinnig interessant waren, aber schlussendlich für diesen stillen Chor nicht die für mich erachtete notwendige Anzahl von Menschen zusammengekommen ist. Daraufhin habe ich mich entschlossen, diesen stillen Chor nicht zu machen und als Performance auszulassen, dieser Teil hat nicht stattgefunden.

War es die Idee des stillen Chores, der nach 50 Minuten beginnt zu flüstern, dass durch ihn ein intimer Klangraum geschaffen wird? Ein Raum, in dem es nicht um Hörigkeit oder um die Reproduktion von Souveränität durch Lautstärke geht, sondern um das Hinhören auf die parallel erzählten, einzelnen Geschichten?

Ja. Es ging um die einzelnen Geschichten, aber auch darum zu wissen, dass 500 Leute dieses gleichzeitig tun und es sich somit auch zugleich wieder entzieht. Es geht um das Hinhören, aber zugleich auch um das Wissen und das ist das großartige der installativen Ansätze, dass die Chronologien aufgelöst werden, und du weißt aber, du bist in einem Gefüge von etwas, das gleichzeitig stattfindet. Und dieser Teil, da brennt mir noch das Herz, musste abgesagt werden. Es gab den Autochor, der zu einer recht interessanten Situation geführt hat, denn eigentlich hätte auf der Brücke bis unterhalb des Denkmals der Chor begonnen, sich bis zur Altstadt zu bewegen. Da der Chor abgesagt wurde, habe ich eine Situation mit den Autos auf der Brücke geschaffen und die Choreografie begann am Wenzelsplatz. Zuvor bin ich drei Wochen mit der Stoppuhr durch die Stadt gefahren und habe höchst komplizierte Routen für neun Autos, die in einer bestimmten Gruppenanzahl mit dieser Sirenen-Komposition fahren, zusammengestellt. Nach 20 Minuten der Performance wurden wir von der Polizei angehalten und die Choreografie gestoppt, jedoch warteten Leute auf der Brücke, dass da jetzt was passiert. Nach anderthalb Stunden Verspätung sind wir dann auf die Brücke gefahren, wo noch immer wahnsinnig viele Leute waren.

Sehr charmant fand ich den Zufall, dass dann auch noch eine Ambulanz durch das Setting fährt und auch eine Sirene ertönt, ein Warnzeichen, ein akustisches Zeichen für einen Notfall. Die Sirenen, die du verfremdet benutzt hast, zitieren auch einen Ausnahmezustand vor Ort an?

Ja, es ging absolut um diesen Ausnahmezustand. Einerseits die Lettern als Kontextualisierung und auch eine Befragung von bestimmten Ideologien, zugleich diese Art von Stille im Stadtraum, die aber mit einer manifesten körperlichen Präsenz einherging, und zugleich dieser den Stadtraum in einen Ausnahmezustand setzende Autotross, der so einen merkwürdigen Schwebezustand erreichen oder eine merkwürdige Aufmerksamkeit über diese Sirenen schaffen sollte, die mit einem Ausnahmezustand verbunden sind. Die Autos fuhren zwischen dem historisch und politisch interessanten Wenzelsplatz durch die gesamte Altstadt in Loop-Routen über die Brücke, über den Fluss, durch kleine Gassen der Altstadt, so dass sich die Sirenen über die Distanz und die Reflektion der Häuserwände miteinander ‚verbanden', in 3er-Gruppierungen, die tonal aufeinander abgestimmt waren und sich in den Straßenverkehr mischten, bis alle Autos wieder zusammentrafen und in loser Formation, jedoch akustisch den Stadtraum einfassend mit schwebenden Tönen.

Am Ende der Performance sieht es so aus, als ob die Wagen alle gleichzeitig einen Motorschaden hätten. Dazu hört man weiter die Sirenen, wodurch die rauchenden Autos auch an die Formel 1 erinnern.

Die Fahrer hatten auch Masken auf. Wir haben versucht, diese Autos mit Rauchbomben außer Kraft zu setzen, eine maschinelle Unterbrechung, die natürlich gesetzt war. Die dann wieder durch eine fast merkwürdige Parade aufgelöst wurde und sich in den Stadtraum weiter gezogen hat. Eine Re-Informierung. Dass ein Mittel nicht auf einer Ebene fixiert werden kann, sondern es auch dort immer wieder unterschiedliche Anmutungen und Re-Kontextualisierungen gibt. Die Frage, warum schau ich hier eigentlich? Was tue ich hier, indem ich das bezeuge? Was ist meine Position? Was betrachte ich da eigentlich? Was höre ich? Was höre ich von den Stadtgeräuschen erst durch die akustische Intervention?
Und noch eine Geschichte zu den Lettern. Das Ganze ist wirklich ein Traumaprojekt von mir. Die Lettern haben große Diskussionen ausgelöst in der Stadt. Ich hatte einen Vertrag, der besagte, dass die Lettern die gesamte Dauer des Festivals der Quadriennnale auf dem Berg stehen sollen. Jedoch wurden die Lettern, da meine Performance vorbei war, ohne mein Wissen abgenommen. Die Begründung war zu starker Wind, ein Buchstabe war sechs Meter hoch. Ich habe Einwand erhoben und wollte die Lettern wieder aufstellen lassen. Jedoch wurde schon damit begonnen, einige der Lettern zu zerschreddern. Dann habe ich gesagt: Nehmt das hoch, was noch übrig ist. Somit wurde aus „The Tears of Stalin" „The Tears Ali". Das war noch drei Tage so zu sehen.

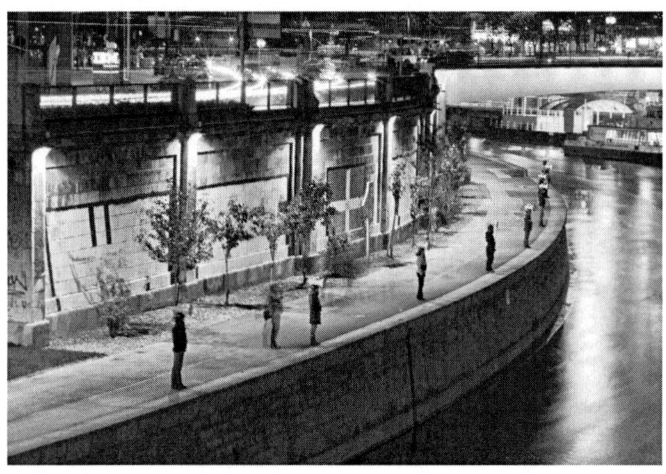

Abb. 5: *Bambiland*, 2008.

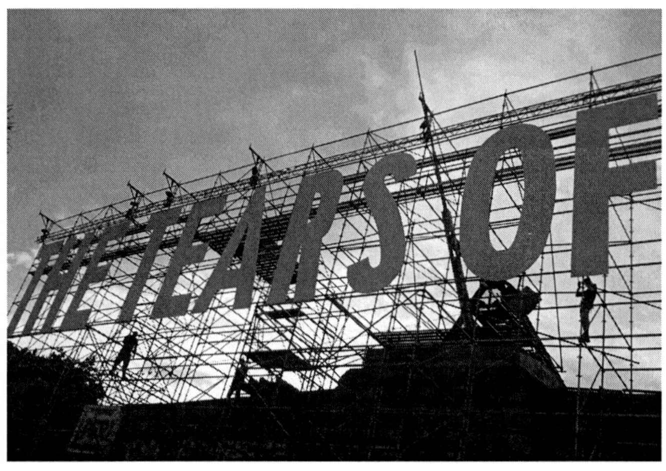

Abb. 6: *Tears of Stalin*, 2011.

Das Gespräch wurde am 07. Januar 2014 geführt und für den Abdruck im vorliegenden Band geringfügig editiert. Fragen: Melanie Albrecht und Michael Wehren.

Field Recordings – Potential und Kritik

Der Klang der Stadt

Ansätze zu einer Phänomenologie des urbanen Hörens

Stefan Militzer

Aus einem dröhnenden Rauschen ragen Klangbrocken von Maschinen heraus, Klangfragmente von Fahrzeugmotoren, dem Klirren aufeinander schlagenden Metalls und von Stimmen, deren Rhythmik sich dem Knattern aus dem akustischen Hintergrund anzugleichen und dann wieder von ihm abzuheben scheint: Die Klangüberlagerungen, die Gilles Aubrys Tonaufnahmen[1] von den Straßen Kairos zum Hören bringen, stehen exemplarisch für die Geräuschfülle von Städten. Aubry unterlegt die Radiostimmen, die Rufe über die Straße hinweg, die Geräusche der Handwerker, des Transports und der Maschinen mit einer artifiziell erzeugten, monotonalen Klangfläche. Der statische Ton durchdringt nur gelegentlich die Feldaufnahmen des Soundscapes, aber er steht paradigmatisch für die Ubiquität[2] des urbanen Geräuschs, dessen phänomenologischer Verortung der folgende Text[3] gewidmet ist.

Städte prägen die Ausbildung der sinnlichen Sensibilität von Individuen. Das Hören als ein Modus der Weltaneignung wird durch den Raum und die ihn erzeugende soziale und symbolische Ordnung geformt, weswegen die Untersuchung des Hörens einen besonders interessanten, wenn auch häufig unterschätzten Zugang zur Erschließung eines kulturellen Horizonts bietet. Moderne Städte präsentieren sich dabei immer als Zonen der Gleichzeitigkeit des Ungleichzeitigen.[4] Ein Kulturen und Zeiten übergreifender Vergleich ihrer

1 Die Aufnahmen sind begleitet von Texten Stéphane Montavons im Jahr 2010 beim Hörverlag Gruenrekorder unter dem Titel *les écoutis le caire* (Gr 061) erschienen.

2 Die Ubiquität ihrer Klänge ist einer der einprägsamsten Effekte der städtischen Akustik. Vgl. Jean-François Augoyard / Henry Torgue (Hrsg.): *Sonic Experience. A Guide to Everyday Sounds.* Montreal/Kingston: McGill-Queen's UP 2008, S. 130–145.

3 Ich danke Lasse-Marc Riek für die Einladung zu diesem Text sowie Melanie Albrecht und Michael Wehren für hilfreiche Anmerkungen und Verbesserungsvorschläge.

4 Vgl. zum Topos der Gleichzeitigkeit des Ungleichzeitigen Reinhart Koselleck: *Vergangene Zukunft. Zur Semantik geschichtlicher Zeiten.* Frankfurt am Main: Suhrkamp [4]2000, hier S. 323–325.

Klanglandschaften dringt tief in das Selbstverständnis von Menschen und Epochen ein: Wenn Städte die Welterfahrungen von Menschen für ein ganzes Leben prägen, dann kann durch die Reflexion des Wandels dieser Orte zugleich über den Wandel in den Welterfahrungen von Menschen nachgedacht werden. Die Methode, auf die sich eine solche Rekonstruktion stützen kann und die den Hörsinn in ihren Mittelpunkt stellt, kann als eine historische Phänomenologie des Hörens verstanden werden.[5]

Spätestens seit der neolithischen Revolution vor etwa 12.000 Jahren siedeln Menschen. Bis dahin zogen sie vermutlich in kleinen Familienclans nomadisierend umher. Seither tun das immer weniger Menschen, während sich die überwältigende Mehrheit in festen Siedlungsstrukturen eingerichtet hat, um ihre Ernährung durch die ortsnah erzeugten Produkte ihrer Arbeit bestreiten zu können. Die Ausdifferenzierung von speziellen Tätigkeiten unter dem Stichwort der Arbeitsteilung nimmt hier ihren Anfang und führt im selben Moment zur sozialen Ausdifferenzierung der Gemeinschaft. In Anbetracht eines so langen und über beinahe alle Kulturen verbreiteten Siedlungsbedürfnisses kann von einem anthropologischen Drang zur Urbanität gesprochen werden.[6]

Die Form und innere Logik der Siedlungen muss unter der Perspektive ihrer anthropologischen Veranlagung das Selbstverständnis derer prägen, die sie bevölkern: Städte bilden in der Entwicklung der menschlichen Siedlungsgeschichte immer wieder Kristallisationspunkte kulturhistorischer Evolution aus, sie prägen das Denken und Tun der in ihnen Lebenden. Städte verschiedener Epochen tun dies auf verschiedene Weisen: die Nekropole im alten Ägypten, die mächtigen Stadtstaaten Mesopotamiens, die autonomen Handelsstädte der Antike, die religiösen und politischen Zentren im Hellenismus, in Mesoamerika und auf dem indischen Subkontinent, die Prachtstädte Chinas und der muslimischen Welt, die engen und gedrängten Kleinstädte des christlichen Mittelalters, die Arbeiterstädte der Industriellen Revolution, die kulturellen Metropolen des *Fin de Siècle*, die

5 Vgl. zu diesem Konzept, das nicht identisch ist mit der von Edmund Husserl entwickelten Phänomenologie: Jonathan Sterne: *The Audible Past. Cultural Origins of Sound Reproduction.* Durham/London: Duke UP 2003, hier S. 14.

6 Vgl. Gert Mattenklott: Stadt. In: Christoph Wulf (Hrsg.): *Vom Menschen. Handbuch Historische Anthropologie.* Weinheim/Basel: Beltz 1997, S. 211–220.

gigantischen Sozialutopien der sozialistischen Stadt, die Autostädte der bundesdeutschen Nachkriegszeit, die heutigen Megastädte der Schwellenländer.[7]
Städte leben. Sie verändern sich. Manchmal schleichend langsam, manchmal rasend. Wo ein Dorf oft über Jahrhunderte beinahe unverändert bleibt, dort wandelt und verändert sich die Stadt. Sie erfindet sich gelegentlich sogar neu. Tut sie es nicht, dann geht sie womöglich unter. Denn auch das geschieht: Städte zerfallen. Sie werden aufgegeben, ihre BewohnerInnen gehen fort, oder sie werden auf eine planvolle Weise zurückgebaut.[8] Heute besteht kein Zweifel daran, dass Städte boomen. Gerade in den sogenannten Entwicklungsländern herrscht seit einigen Jahren ein stellenweise völlig ungeregeltes Wachstum. Die Städte verwandeln sich in Agglomerationen gigantischen Ausmaßes. Es bedarf keiner Prophetie, um in den Megastädten die Zukunft des globalen Südens zu sehen.[9]

1. Transformation

Eine Phänomenologie vom dem, was die Stadt als einen Hörraum auszeichnet, kann überraschenderweise dort einsetzen, wo eine Stadt noch gar nicht existiert, sondern wo sie erst geboren wird. Nur in wenigen Fällen geschieht das aus einem gedachten Nichts heraus, auf das die Stadtplaner ihr Raster werfen, um ihm die Form eines strukturierten Raumes zu geben.[10] Die Klangumgebung einer kleinen

7 Hier findet sich indessen kein Ort, um den Gang der Stadtgeschichte auch nur annähernd in ihrem Verlauf deutlich zu machen. Vgl. dazu Leonardo Benevolo: *Die Geschichte der Stadt.* Frankfurt am Main / New York: Campus [6]1991.

8 Die Planung von urbaner Degression steht seit einigen Jahren im Mittelpunkt vornehmlich europäischer Stadtplanungen, weil der demografische Wandel hier mancherorts zu einem Schrumpfen der Städte führt, vgl. Benno Brandstetter: *Kommunale Reaktionen auf städtische Schrumpfungsprozesse in Ostdeutschland anhand ausgewählter Fallbeispiele.* Dresden: TU Dresden, Lehrstuhl für Landesplanung und Siedlungswesen 2005. Namhafte Beispiele von Städten, denen das Schicksal der Schrumpfung und anschließenden neuen Wachstums in den letzten Jahrzehnten widerfahren ist, sind Detroit und Manchester.

9 Vgl. Mike Davis: *Planet der Slums.* Berlin / Hamburg: Assoziation A 2007.

10 Rasterentwürfe kennen schon das Altertum, die Antike und das christliche Mittelalter. Dort, wo wichtige mittelalterliche Städte etwa einem Brand zum Opfer fielen oder tatsächlich als eine Stadt (und nicht nur als ein Dorf) neu gegründet wurden, wurde häufig ein Straßenraster angelegt, an dem die Bebauung ausgerichtet wurde. Vgl. mit zahlreichen Beispielen Benevolo: *Die Geschichte der Stadt,* S. 519–541.

Siedlung, zumeist eines Dorfes ist häufig der Ausgangspunkt für den Ausbau einer Siedlung zur Stadt. In einer Arbeit von Budhaditya Chattopadhyay[11] wurde dieser Übergang akustisch dokumentiert. Seine Feldaufnahme setzt ein mit den Geräuschen und Klängen eines indischen Dorfes. Die Arbeit in der Landwirtschaft wird akustisch festgehalten. Der rurale Keynote Sound[12] des Dorfes wird im Verlauf des Stücks durch Baugeräusche abgelöst und gleichsam ersetzt. Zwar gibt es einen sehr besonderen Anlass für das Einsetzen der Baugeräusche, denn in der Nähe des Dorfes Tumbani, dessen Soundscape Chattopadhyay im Frühjahr 2007 aufgezeichnet hat, wurden nutzbare Steine gefunden, für deren Verwertung kleine Anlagen für die Zement- und Betonproduktion entstanden. Im Ausbau der Bauindustrie zeigt sich aber am Besonderen auch das Allgemeine: Eine Stadt, das ist umbauter Raum. Eine Stadt bringt Wohnen und Bauen zu Gehör. Wohnen und Bauen: Das heißt auch leben mit Architektur, mit dem Klang ihres Materials.

Die Stadt versucht, sich von den natürlichen Determinanten eines Ortes zu befreien. Sie versucht, sich unabhängig zu machen von der Kontingenz einer unvorhersehbaren, tendenziell bedrohlichen und nicht beherrschbaren Natur. Der Heimeligkeit, die sie zu erzeugen versucht, widerspricht aber zugleich ihre urbane Dynamik: Die Erfahrung einer dauerhaften Heimstatt, die durch die langen Nutzungszeiten der dörflichen Architektur in Europa entsteht, wird in vielen Städten immer wieder gebrochen. Das Errichten neuer Bauwerke und die Ausbesserung oder Erneuerung der bestehenden führt zur beständigen Veränderung des Wohnplatzes. StadtbewohnerInnen hören die Veränderung und den Wandel: Wächst die Stadt, dann hören sie das Bauen, schrumpft sie, dann sind es die Abrissarbeiten, die den Ton angeben: Das wachsende Bauwerk verändert das Blickfeld. Es wird sichtbar, wenn es in den Blick genommen wird. Das Geräusch des Bauens aber überspringt die Entfernungen und erzeugt eine Präsenz, die ungleich bedrängender und hartnäckiger ist als der Anblick, dem sich ausweichen lässt.

In den Industrieländern wachsen die Städte heute meist langsam. Hier hat der moderne Prozess der Verstädterung deutlich früher eingesetzt

11 Budhaditya Chattopadhyay: *landscape in metamorphoses.* Gruenrekorder 2008 (Gr 057).

12 Vgl. R. Murray Schafer: *The Soundscape. Our Sonic Environment and the Tuning of the World.* Rochester: Destiny 1994, hier S. 58–60.

als in den Schwellenländern.[13] Die städtische Infrastruktur, die sich dabei in den letzten zweihundert Jahren herausgebildet hat, verdichtet sich kaum mehr, sondern sie wächst hinaus in die Peripherie und erschafft damit Agglomerationen, die gleichsam übergangslos in den ruralen Raum hineingleiten. Die Grenzen zwischen Stadt und Land verschwimmen, nicht zuletzt weil die Transportkosten gering sind und weil der hohe Lebensstandard denjenigen, die durch die Adaption der städtischen Sozialordnung individualisiert wurden, nun die Verwirklichung ihrer Individualität auf einer eigenen Parzelle ermöglicht. Die Individualisten, die es sich leisten können, flüchten vor der – nicht zuletzt akustischen – Dynamik der Stadt und tragen sie genau damit auf den Dachgepäckträgern ihrer Autos aufs Land.

2. Expansion

Der Klang der Stadt findet seinen Weg auf das Land über die Infrastruktur. Angus Carlyle[14] gibt mit seiner Arbeit über Kami-Katsura, einen Vorort von Kyoto, subtile Beispiele dieser Expansionsbewegung. In der Stille eines sommerlichen Nachmittags sind die Schranken eines sich schließenden Bahnübergangs zu hören. Menschen laufen über eine Straße, gelegentlich passieren Autos, ein Flugzeug hallt in der Ferne. Die Gespräche und Schritte der Anwesenden wurden hörbar nicht in einer großen und lauten Stadt aufgezeichnet. Dennoch sind sie städtischen Ursprungs, weil sie von der spezifischen Arbeitsteilung der Stadt zeugen, von Freizeit und räumlicher Segmentierung zwischen Tätigkeiten und den ihnen korrespondierenden Orten. Während die althergebrachten Stadtzentren in Freilichtmuseen verwandelt werden, entstehen an ihren Peripherien neue wirtschaftliche Zentren, durch welche die aufs Land Geflüchteten ihre Verbundenheit mit der Urbanität bezeugen. Die Individualität des städtischen Lebensstils, die Fragmentarität der urbanen Räume und die gerade für Europa neue Geografie der dezentrierten Verdichtungspunkte[15] – alles das sind Entwicklungen, die erst vor zwei, drei Generationen zum Durchbruch gelangt sind.

13 Vgl. Benevolo: *Die Geschichte der Stadt.*

14 Angus Carlyle: *Some Memories of Bamboo.* Gruenrekorder 2009 (Gr 053).

15 Vgl. Walter Prigge: Metropolisierung. Zum Strukturwandel der europäischen Stadt. In: Gereon Sievernich / Thomas Medicus (Hrsg.): *7 Hügel – Bilder und Zeichen*

Zonen der Bewegung sind entstanden, aber keine Orte, um innezuhalten. Marc Augé hat diese Räume als ‚Nicht-Orte' bezeichnet.[16] Hier wird nicht im emphatischen Sinn gelebt, und gewohnt schon gar nicht. Hier findet auch keine gezielte Unterhaltung statt. Transiträume bilden Passagen zwischen den Orten, die einer sinnstiftenden Praxis dienen. Dort, wo die Städte als Agglomerationen in den ländlichen Raum hinausgreifen, nimmt der Verkehr zu, wächst die Infrastruktur und Nicht-Orte entstehen. Der gemeinschaftliche Raum der Öffentlichkeit, in dem die griechische Polis ihren Sinn fand und der auch das Wesen der europäischen Stadt bis weit in das 20. Jahrhundert hinein geprägt hat, dieser Raum schwindet an vielen Stellen und wird durch semi-öffentliche Räume unter privatem Hausrecht wie Bahnhöfe, Einkaufszentren und Parks ersetzt.

3. Differenzierung

Die Stadt ist ein Produkt der Arbeitsteilung und der sozialen Differenzierung. Sie formt Klassen aus und erzeugt Räume, die in der überschaubar gegliederten Topografie dörflichen Wohnens, Arbeitens und Feierns nicht denkbar sind. Beispiele für die Besonderheit städtischer Ausdifferenzierung sind neben den Aufnahmen Angus Carlyles aus japanischen Cafés auch in den Feldaufnahmen Thomas Andrés aus China zu hören, die in einem Tao Tempel mitten in einer großen Stadt aufgenommen wurden.[17] Orte wie der Tempel und das Café repräsentieren eine verfeinerte Wirklichkeit und bringen eine Symbolik zu Gehör, die den Rhythmus des Werktages durchbricht. Es sind Orte, die soziale Räume erzeugen.

Aber nicht nur offensichtliche soziale Räume sind typisch für das Leben in Städten, sondern gerade auch diejenigen, die Sozialität verstecken und verzerren: Beispiele dafür sind Gefängnisse oder Altenpflegeheime, Friedhöfe oder Festwiesen. Orte wie diese, die Michel Foucault als Beispiele für den von ihm geprägten Begriff der ‚Heterotopie' erwähnt hat,[18] sind ohne Städte nicht denkbar. Maksim

des 21. Jahrhunderts, Bd. 4: Zivilisation. Städte – Bürger – Cybercities: Die Zukunft unserer Lebenswelten. Berlin: Henschel 2000, S. 33–36.

16 Vgl. Marc Augé: *Orte und Nicht-Orte. Vorüberlegungen zu einer Ethnologie der Einsamkeit.* Frankfurt am Main: Fischer 1994.

17 Thomas André: *Recorded in China.* Gruenrekorder 2009 (Gr 069).

18 Vgl. Michel Foucault: Andere Orte. In: Catherine David (Hrsg.): *Politics-Poetics.*

Shentelevs[19] Arbeit über den Jemen dokumentiert die nächtliche Feier einer muslimischen Hochzeitsgesellschaft und damit ein Fest, das das Zentrum einer Stadt für eine kurze Dauer in einen ‚anderen Ort' verwandelt. Seine Arbeit bringt aber auch städtisches Leben am Beispiel des morgendlichen Lärmens zwischen den Marktständen einer Kleinstadt zu Gehör. Auch hier besteht eine ephemere, nicht zuletzt über den Klang integrierte Gemeinschaft zwischen denen, die ihre Waren anbieten, und denen, die Waren kaufen. Der akustische Raum des Marktes verschwindet jedoch nach wenigen Stunden wieder. Zugleich steht er exemplarisch für die städtische Verfeinerung und Ausdifferenzierung der Geräusche, denn hier finden sich verschiedene Berufe und Menschen verschiedener Herkunft zusammen, deren Dialekte und Stimmen die Vielfalt städtischer Klänge spiegeln.

4. Segmentierung

Die Stadt setzt der Kontingenz der unbehausten Welt einen Schutz entgegen. Menschen ziehen sich aus der Öffentlichkeit zurück in einen privaten Raum: Wie die Entstehung der Öffentlichkeit den Städten zu verdanken ist, so auch die Herausbildung des privaten Lebens.[20] Öffentlichkeit und Privatheit antworten aufeinander. Ihre Dialektik bestimmt die Stadt. Das Handygespräch in der U-Bahn[21] überschreitet diese akustische Grenze ebenso wie der Einbruch des städtischen Dröhnens[22] durch die eigenen vier Wände.[23] Die Sichtbarkeit verdeckt und verheimlicht durch ihre architektonische Anordnung die Vielfalt und Heterogenität, die in einer Stadt lebt. Das Hören bringt diese Vielfalt zu Bewusstsein.

Phänomenologisch zeichnet sich eine Stadt häufig durch die Disparatheit zwischen den sichtbaren und den hörbaren Eindrücken aus, weil die Töne für den Blick undurchdringliche Oberflächen

Das Buch zur documenta X. Ostfildern: Cantz 1997, S. 262–272, sowie Daniel Defert: Foucault, der Raum und die Architekten. In: Ebd., S. 274–283.

19 Maksim Shentelev: *Recorded in Yemen.* Gruenrekorder 2007 (Gr 048).

20 Vgl. Richard Sennett: *Fleisch und Stein. Der Körper und die Stadt in der westlichen Zivilisation.* Frankfurt am Main: Suhrkamp 1997.

21 Zu hören bei Greta Hoheisel / Norbert Lang: *Bukarest | Bucureşti – fragmente.* Gruenrekorder 2008 (Gr 068).

22 Vgl. Augoyard / Torgue (Hrsg.): *Sonic Experience*, S. 40–46, insb. S. 45.

23 Vgl. die schon genannte Arbeit von Aubry / Montavon: *les écoutis le caire* (Gr 061).

durchdringen. Das Befragen und Hinterfragen der Klänge auf ihre Klangquellen hin[24] wird zu einem Versuch des sich Findens und Verortens. Bettina Wenzel bringt mit ihrer Arbeit *Mumbai Diary*[25] diese Verschränkung von Privatem und Öffentlichem, Vertrautem und Disparatem, Eigenem und Fremdem zu Gehör, das für die Klanglandschaften von großen Städten so charakteristisch ist. Wenzel nutzt dafür Stimmtechniken des Roy Hart Theatre, die sie über von ihr selbst angefertigte Feldaufnahmen aus Indien legt. Die kunstvolle Doppelung von intimer Stimmenarbeit und dem Ton der städtischen Öffentlichkeit versinnbildlicht, wie die Klänge zur Ausformung kultureller Räume beitragen. Die persönliche Stimme von Bettina Wenzel und die Geräusche der Straße erklingen in einem Klangraum und fügen und überlagern sich zu Segmenten derselben Wirklichkeit. Durch die Gleichzeitigkeit des Tönens und Gehörtwerdens fügen sie sich zu einer akustischen Totalität zusammen. Schon die Einwohner der frühneuzeitlichen Dörfer Europas haben sich um den vertrauten Klang der Kirchenglocken geschart und so eine soziale Welt belebt, deren Grenzen akustisch gezogen waren.[26] Für die Städte gilt damit erst recht, dass die kulturelle Siedlung zur zweiten Natur des Menschen wird, denn zum Überleben des Menschen gehört die Fähigkeit, sich Orte gemeinschaftlich anverwandeln zu können.[27] Geschult mit dieser Sensibilität lassen sich die Eigenarten von Orten als kulturell gewachsene Konstellationen der menschlichen Natur entschlüsseln.[28] Der Mensch erlebt die materielle Welt je immer schon als eine symbolisch geordnete.

24 Auyogard / Torgue verknüpfen mit diesem Klangphänomen der Stadt zahlreiche Effekte, so zum Beispiel die Synekdoche, das Asyndeton und die Maske.

25 Bettina Wenzel: *Mumbai Diary*. Gruenrekorder 2010 (Gr 086).

26 Vgl. Alain Corbin: Identity, Bells, and the Nineteenth Century French Village. In: Mark M. Smith (Hrsg.): *Hearing History. A Reader*. Athens / London: University of Georgia Press 2004, S. 184–204.

27 Vgl. zur Befragung von Arnold Gehlens Theorem des Menschen als Mängelwesen Heinrich Schmidinger / Clemens Sedmak (Hrsg.): *Der Mensch – ein Mängelwesen? Endlichkeit – Kompensation – Entwicklung*. Darmstadt: WBG 2009.

28 Vgl. Christian Norberg-Schulz: *Genius loci. Landschaft, Lebensraum, Baukunst*. Stuttgart: Klett-Cotta 1982.

5. Vergemeinschaftung

Städte sind große Siedlungen. Das Miteinander-Leben ihrer BewohnerInnen prägt den akustischen Horizont. Völlig unabhängig von den Erfahrungen der städtischen Vereinsamung in Single-Haushalten wird in Städten stets und immer schon gemeinschaftlich gelebt: Die städtische Akustik bringt das zu Gehör. Die Aneignung des städtischen Raumes geht über das Bauen und Bewohnen seiner Architektur hinaus. Gemeinschaftlich wird in der Stadt gelebt. Die Feldaufnahmen von Falter Bramnk[29] aus Venedig, Palermo und Syrakus machen die Gemeinschaftlichkeit gleichsam erlebbar, die entsteht, wenn sich die Klänge von Menschen, Schiffen, Kirchen und Fahrzeugen, wenn sich das Klappern von Schritten und Geschirr, das Klingeln von Handys und der Gesang des Radios durchdringen und uns damit zu Zeugen einer Gemeinschaft machen, die schon vor jedem Wort an die Anwesenden besteht. Auch diejenigen, die nicht eingeladen sind, hören, was sich auf den Straßen und hinter den geöffneten Fenstern abspielt, und sind dadurch in die akustische Ordnung der Stadt einbezogen. Die sichtbar Ausgeschlossenen können das Miteinander trotzdem hören und empfinden ihr Ausgeschlossensein dadurch als noch schmerzhafter.

Die Welterfahrung eines Menschen prägt seine Befindlichkeit und sein denkend-fühlendes Erleben. Die immer auch zufälligen Erfahrungen, die ein Mensch gerade in seinen prägenden jungen Jahren macht, erzeugen eine kulturelle, emotionale und soziale Struktur, die er niemals wieder ganz abstreifen kann:[30] Wir wachsen unter konkreten, aber zufälligen historischen Bedingungen und Einflüssen auf. In ihnen unterscheiden wir uns von den uns vorangehenden Generationen, die genau deswegen ‚Kinder einer anderen Epoche' sind. Der Hörsinn nimmt in der Ausbildung dieses Weltbildes eine besondere Bedeutung ein, nicht zuletzt weil er mit ganz archaischen Emotionen verbunden ist.[31] Zugleich ist die europäische Kultur heute eine

29 Falter Bramnk: *Three Field Recording Compositions.* Gruenrekorder 2009 (Gr 059).

30 Am wirkmächtigsten war hier Martin Heidegger: *Sein und Zeit.* Tübingen: Niemeyer [17]1993.

31 Vgl. Stefan Kölsch: Fluchtbereitschaft und Sprachvermögen. Ein Interview. In: Doris Kleinlein / Anne Kockelkorn (Hrsg.): *Tuned City. Zwischen Klang- und Raumspekulation – Between Sound and Space Speculation.* Idstein: kookbooks 2008, S. 86–90, hier S. 87.

Kultur des Sehens. Die Epoche der Aufklärung und ihr naturalistisch-mathematisches Weltbild haben das Sehen, haben die visuellen Koordinaten zu den entscheidenden Orientierungspunkten des Erlebens erklärt.[32]

Indem man die Welt auf ihre sichtbaren Bestandteile beschränkte, ließen sich Zeichnungen und Berechnungen anstellen, konnten Pläne und Ordnungen entworfen werden, die eine rationale Kontrolle über das menschliche Sein suggerierten. Die Entdeckung der Zentralperspektive hat den menschlichen Betrachter zum transzendenten Zentrum seines Bildes werden lassen und ihm damit eine quasi-göttliche Position anheimgestellt.[33] Die Rückbesinnung auf das Hören hinterfragt das Rationalitätsphantasma der Visualität. Wird sie mit dem Ohr betrachtet, dann ist die sichtbare Ordnung nicht mehr haltbar. Eine historische Phänomenologie der urbanen Akustik setzt genau hier an. Durch eine doppelte Infragestellung bricht sie vertraute Ordnungsmuster auf, indem sie die Ontologie des Sichtbaren einerseits geschichtlich relativiert und sie andererseits mit Ordnungsmustern des Akustischen konfrontiert. Am Beispiel einiger Veröffentlichungen des Hörverlags Gruenrekorder wurden hierzu erste Gedanken formuliert.

32 Vgl. Leigh Eric Schmidt: Hearing Loss. In: Michael Bull / Les Back (Hrsg.): *The Auditory Culture Reader.* Oxford / New York: Berg 2003, S. 41–59.

33 Vgl. Hans Belting: *Florenz und Bagdad. Eine westöstliche Geschichte des Blicks.* München: Beck 2008.

Soundscape und Aura

Zur Verortung und Entortung von Field Recordings in der zeitgenössischen Audiokunst

Gerald Fiebig

Dass sich die Hinwendung zum Akustischen in Künsten und Wissenschaften bereits seit den 1970er Jahren „in Abkehr von einem Primat des Optischen für eine übersehene, akustische Dimension engagierte“[1], hat sich beinahe schon als Gemeinplatz für das Verständnis von Audiokunst etabliert. Akustische Medien ermöglichen in diesem Verständnis ästhetische Erfahrungsweisen, welche an Leerstellen bzw. Defiziten des visuellen Mainstreams medialer Vermittlung ansetzen. Eine Reihe aktueller Audiokunst-Produktionen radikalisiert diesen Ansatz, indem sie mit akustischen Mitteln eine Repräsentation von Phänomenen sucht, die *weder* mit dem Gesichts- *noch* mit dem Gehörsinn erfassbar sind.

Dass sie mit keinem der menschlichen Sinne erfassbar ist, macht die Gefährlichkeit und zugleich die Faszination des Phänomens Radioaktivität aus. Der dänische Audiokünstler Jacob Kirkegaard hat ihm bereits 2006 seine Arbeit *4 Rooms*[2] gewidmet. Für die radiophone Komposition *Wermutstropfen* von 2011 wertet Kirkegaard seine Aufnahmen aus dem Katastrophengebiet nochmals aus „und kontrastiert Aufnahmen aus aktiven finnischen Kernkraftwerken mit Dokumenten gespenstischer Stille aus einer Kirche und einem Schwimmbad in Tschernobyl“[3]. Die zentrale kompositorische Strategie des Stücks besteht in der Gegenüberstellung der verschiedenen Aufnahmen, d. h. im Schnitt und in der Montage von Field Recordings, an denen beim Hören des Stücks sonst keine gezielte klangliche Verfremdung erkennbar ist.

1 Petra Maria Meyer: Vorwort. In: Dies.: *acoustic turn*. München: Fink 2008, S. 11–31, hier S. 18.

2 Jacob Kirkegaard: *4 Rooms*. CD, Touch 2006 (Tone 26).

3 [Markus Heuger:] Wermutstropfen. Von Jacob Kirkegaard. http://www.wdr.de/unternehmen/service/infomaterial/pdf/hoerspielkatalog/2011/WDR_2011-I_wdr3_open.pdf (Zugriff am 31.12.2013).

Auch der britische Audiokünstler Peter Cusack hat Aufnahmen in Tschernobyl gemacht. Seine Stücke *Chernobyl Dawn* und *Chernobyl Frogs* thematisieren die Abwesenheit von Menschen unter einem anderen Aspekt, indem sie die erstaunlich reichhaltige Fauna der evakuierten Zone akustisch dokumentieren, ohne erkennbar in das zur Veröffentlichung ausgewählte Klangmaterial einzugreifen. Die Wirkung seiner Stücke basiert somit auf der semantischen Spannung zwischen dem Reichtum der hörbaren Natur und den negativen Assoziationen von Tod und Verwüstung, die sich mit dem Namen Tschernobyl verbinden. Weil die unerwartet tröstliche Deutung, die man Cusacks Aufnahmen entnehmen kann – „the Chernobyl exclusion zone is now one of Europe's prime wildlife sites. Radiation seems to have had little effect on overal [sic] populations and diversity"[4] –, diesen gängigen Mustern widerspricht, sind seine Stücke für das Funktionieren ihrer semantischen Strategie noch stärker als Jacob Kirkegaards düstere *Wermutstropfen* auf die Echtheit des zugrundeliegenden Audiomaterials angewiesen, wie sie Walter Benjamin am Beispiel des (Bild-)Kunstwerks beschreibt: „Die Echtheit einer Sache ist der Inbegriff alles von Ursprung her an ihr Tradierbaren, von ihrer materiellen Dauer bis zu ihrer geschichtlichen Zeugenschaft."[5]

Die ‚geschichtliche Zeugenschaft' der von Kirkegaard und Cusack verarbeiteten Geräusche basiert auf der Tatsache, dass sie tatsächlich in der verstrahlten Zone von Tschernobyl aufgenommen wurden und durch die Authentizität dieser Verortung auf die mit dem Namen des Ortes verbundene Geschichte verweisen. Ihre ‚materielle Dauer' erhalten sie, wie alle Klangphänomene, jedoch erst durch den Akt der Aufnahme, der sie nicht nur speichert, sondern zugleich reproduzierbar macht. Klangobjekte sind, einmal gespeichert, immer schon reproduzierbar, weil die Speichertechnologie auf diese Reproduktion ausgerichtet ist. Es gibt keine ‚authentischere' Aufzeichnungsmethode, die der technischen geschichtlich vorangegangen wäre. Die Stelle, die das Gemälde im Verhältnis zur fotografischen

4 Peter Cusack: Chernobyl Choruses. http://www.gruenrekorder.de/?page_id=181 (Zugriff am 31.12.2013).

5 Walter Benjamin: Das Kunstwerk im Zeitalter seiner technischen Reproduzierbarkeit. In: Ders.: *Das Kunstwerk im Zeitalter seiner technischen Reproduzierbarkeit. Drei Studien zur Kunstsoziologie.* Überarb. Aufl. Frankfurt am Main: Suhrkamp 1977, S. 7–44, hier S. 13.

Reproduktion einnimmt, ist im Bereich der Tonaufnahme aus technikgeschichtlichen Gründen unbesetzt. Zwar könnte man im Fall der Musik die geschriebene Partitur als den Vorläufer der Phonographie sehen, im Kontext von Field Recordings nicht-musikalischer, nicht intentional hervorgebrachter Schallphänomene ist diese Unterscheidung aber nicht relevant. Benjamins These, „[d]er gesamte Bereich *der Echtheit entzieht sich der technischen* [...] *Reproduzierbarkeit*“[6], gilt für Audioaufnahmen nicht. Mit anderen Worten: Der Gehalt von Peter Cusacks Stücken leidet nicht, wenn man sie als Download-Datei zum Anhören auf die Festplatte kopiert, solange unstrittig ist, dass die Naturgeräusche, die man darin hört, wirklich von dem Ort stammen, den er als Herkunftsort behauptet. Benjamins Begriff der „Zeugenschaft“ als Bezeichnung für die Tätigkeit desjenigen, der Field Recordings produziert und veröffentlicht, bietet sich dabei in mehrfacher Hinsicht an. Der Begriff betont den Aspekt des Dokumentarischen in der Arbeitsweise: Man muss vor Ort sein, um ein Field Recording von diesem Ort zu machen. Darüber hinaus verweist er aber – durch die Assoziation zum kraft Eides zur wahrheitsgemäßen Aussage verpflichteten Zeugen vor Gericht – auch auf die tendenziell ethische Dimension der Frage nach der „Echtheit“ einer Aufnahme. Bei den zitierten Arbeiten von Kirkegaard und insbesondere Cusack, die einen bestimmten Ort bzw. wesentliche Charakteristika eines Ortes zum Gegenstand machen, hängen die semiotischen Strategien einer Field-Recording-Veröffentlichung, gerade wenn diese bei ihren Rezipienten die Auseinandersetzung mit einem kontroversen und aufgeladenen Thema anstoßen möchte, von der Echtheit bzw. der Wahrhaftigkeit der Zeugenschaft ab, für die das vom Autor aufgenommene und zur Präsentation ausgewählte Material einsteht.

Erst durch diesen Akt erhält ein Fragment der Wirklichkeit jene Rahmung, die es zum ‚Werk‘ macht – ein Effekt, der besonders entscheidend ist bei Audioarbeiten, die als „Diapositive sonore“ (Luc Ferrari)[7], „Soundscape“ (R. Murray Schafer)[8] oder „Phonography“[9] weitgehend

6 Ebd., S. 12.

7 Vgl. Mathias Fuchs: *Sinn und Sound.* Berlin: Wissenschaftlicher Verlag Berlin 2010, S. 33.

8 Vgl. R. Murray Schafer: *Die Ordnung der Klänge. Eine Kulturgeschichte des Hörens.* Mainz: Schott 2010, S. 42.

9 Vgl. Joel Smith: The Word „phonography“. http://www.phonography.org/word.htm (Zugriff am 31.12.2013).

auf musikalische oder hörspieldramaturgische Mittel verzichten und das vermeintlich ‚reine' akustische Material von Field Recordings zur Wirkung bringen wollen. Eben die Rahmung eines solchen Ausschnitts evoziert bei den HörerInnen jene „einmalige Erscheinung einer Ferne, so nah sie sein mag"[10], die Benjamin im Rückgriff auf den „Begriff einer Aura von natürlichen Gegenständen"[11] beschreibt. Von besonders zentraler Bedeutung wird der Akt der auratisierenden Rahmung, wenn der erklärte Gegenstand eines Audiostücks ein unhörbarer ist. In einem aktuellen Projekt von Geir Jenssen alias Biosphere ist das aber nicht die Radioaktivität:

> I'm currently doing field recordings in the forest next to my studio in Krakow, and am having a hard time getting what I want. [...] In the forest, the birds are louder than everything else, and that's not what I'm interested in. I'm not looking to record the obvious. [...] Polish partisans took refuge in this forest at the end of World War II while fighting the Germans sixty years ago. I believe that the field recordings here, at this specific site, will contain an echo of the events from its history.[12]

In ihrer thematisch ähnlich gelagerten Arbeit *Gurs. Drancy. Gare de Bobigny. Auschwitz. Birkenau. Chelmo-Kulmhof. Majdaneck. Sobibor. Treblinka*[13] setzen die beiden französischen Künstler Stéphane Garin und Sylvestre Gobart unbearbeitete Field Recordings ein, um die im Titel genannten Schauplätze der Shoah zu repräsentieren[14]. Im konzentrierten Lauschen auf die Soundscapes – in der Installationsversion der auch auf CD erschienenen Arbeit werden dafür Hörstationen mit Kopfhörer angeboten, deren Sitzplatz jeweils auf ein Foto des Aufnahmeorts ausgerichtet ist – sollen sich die HörerInnen der monströsen Abwesenheit der an diesen Orten Ermordeten bewusst werden. Gerade die Tatsache, dass dort ebenso wie auf anderen unspektakulären Field Recordings die Vögel so laut zwitschern, ‚als sei nie etwas gewesen', fordert aktives menschliches Eingedenken heraus.

10 Benjamin: Kunstwerk, S. 15.

11 Ebd.

12 Max Dax: "In the forest, the birds are louder than everything else". Max Dax interviews Biosphere. In: *Electronic Beats* 27 (2011), S. 48–54, hier S. 54.

13 Stéphane Garin / Sylvestre Gobart: *Gurs. Drancy. Gare de Bobigny. Auschwitz. Birkenau. Chelmo-Kulmhof. Majdaneck. Sobibor. Treblinka.* CD, Gruenrekorder / Bruit Clair 2011 (Gruen 085 / BC06).

14 Vgl. Stéphane Garin / Sylvestre Gobart: Gurs. Drancy. Gare de Bobigny. Auschwitz. Birkenau. Chelmo-Kulmhof. Majdaneck. Sobibor. Treblinka. http://www.gruenrekorder.de/?page_id=4572 (Zugriff am 31.12.2013).

Während Geir Jenssen die historische Zeugenschaft gewissermaßen als substantielle Eigenschaft seiner Field Recordings zu begreifen scheint, die diesen auf animistische Weise innewohnt und damit den Zeichencharakter von Audioaufnahmen verkennt, kontextualisiert das intermediale Autorenteam aus dem Soundkünstler Garin und dem Fotografen Gobart sein Audiomaterial über das Medium der Fotografie sowie einen erläuternden Text, der kein zufälliges Nebenprodukt der künstlerischen Arbeit ist wie ein Interview, sondern von vornherein zur Strategie des Werks gehört. Wie im Fall der oben behandelten Tschernobyl-Stücke beeinflusst die Information über den Herkunftsort das Hören der Aufnahmen (und das Nachdenken darüber), aber dies ist – zumindest bei der Präsentation als Installation[15] – kein Mangel der Arbeit. Als genuin konzeptkünstlerisches Werk, das sich weder auf den Klang noch die Bilder *an sich* verlässt, ist sich *Gurs. Drancy. Gare de Bobigny. Auschwitz. Birkenau. Chelmo-Kulmhof. Majdaneck. Sobibor. Treblinka* der Tatsache bewusst, dass die akustische Dimension der Erfahrung eines bestimmten Ortes nicht auf ihre schiere Materialität bzw. ein ‚unvoreingenommenes Hören' reduziert werden kann. In ihrem „healthy skepticism toward the notion of *sound-in-itself*"[16] erreicht die Arbeit von Garin und Gobart einen Stand der Selbstreflexion ihres Materials, den ein Großteil der zeitgenössischen Audiokunst nach Ansicht des US-amerikanischen Künstlers und Theoretikers Seth Kim-Cohen von der im bildnerischen Umfeld entstandenen Konzeptkunst noch lernen könne, denn:

> There is a tendency, especially strong among sound artists, to say: art is the medium of conveyance for that of which we cannot speak. […] So the wordless aspects of art allow contact with prelinguistic experience. This is especially true of media and the approaches that promise an encounter with the "real." What this neglects is the reality that art, as a cultural activity with a tradition and conventions – an activity that does not perform in a vacuum, but that necessarily interacts with culture, politics, commerce, and sociality – constitutes and is constituted by a vast meaning-making structure functioning in the manner of a text.[17]

15 Für eine schlüssige Kritik der CD-Veröffentlichung vgl. Dan Warburton: On Gruenrekorder. http://www.paristransatlantic.com/magazine/monthly2011/06jun_text.html (Zugriff am 31.12.2013).

16 Seth Kim-Cohen: *In the Blink of an Ear. Toward a Non-Cochlear Sonic Art.* New York / London: Continuum 2009, S. xxii.

17 Anmerkung: Ein solcher Ansatz wäre beispielsweise die Präsentation unbearbeiteter, unkommentierter Field Recordings; Kim-Cohen: *Blink of an Ear*, S. 115.

Auf unser Beispiel bezogen heißt das: Es ist der sprachlich (und visuell) vermittelte Kontext, der den Field Recordings von Stéphane Garin ihre Aura historischer Zeugenschaft erst verleiht – denn diese Aura ist nicht dem Material selbst inhärent, sondern stellt sich erst als Effekt von Zeichenoperationen im Bewusstsein der HörerInnen her. Das gilt aber auch für alle anderen bisher erwähnten Arbeiten. Die Information über die Herkunft von Geräuschen aus Tschernobyl oder die Partisanengeschichte eines polnischen Waldes lässt uns die betreffenden Aufnahmen anders hören – aber zur Übermittlung dieser Information, zur Verortung der Aufnahmen, bedarf es der Sprache. Indem er im Interview über die Gründe seines Interesses am Klang eines polnischen Waldes spricht, gesteht auch Geir Jenssen diese Sprachgebundenheit ein, obgleich er sie explizit zu bestreiten scheint.

Je stärker Audiokunst auf die Präsentation unbearbeiteter Klangrealien abstellt und auf eine formale Strukturierung verzichtet, desto wichtiger ist es, dass sie sich dieses konzeptionellen Aspekts bewusst bleibt. So sehr der Urheber von Field Recordings auch hinter der von ihm präsentierten Wirklichkeit zurücktreten will, so sehr ist doch bereits die Entscheidung für einen Aufnahmeort und die Auswahl der letztlich präsentierten Sequenzen eine auktoriale Handlung, die einen semiotischen Prozess in Gang setzt. Wer vergisst, dass seine Aufnahmen akustische Zeichen sind, die im Bewusstsein der HörerInnen unweigerlich mit anderen Zeichensystemen interagieren, verfällt einer unkritischen ‚Medienvergessenheit' und glaubt am Ende womöglich wirklich, er könne Radioaktivität oder die Geister toter Partisanen in den Frequenzspektren seiner Audioaufnahmen hören.

Die sehr oft auf Field Recordings basierenden Arbeiten von Slavek Kwi etwa stellen sich diesem Problem nicht durch Metatexte, sondern durch Entortung und Verfremdung ihres Klangmaterials. Durch sein Pseudonym Artificial Memory Trace bekennt er sich programmatisch zum künstlichen, also semiotisch konstruierten Charakter der Zeugenschaft von Audioaufnahmen. Ein gelungenes Beispiel für seine Methode ist das Stück *Alytes*[18], das wie Peter Cusacks *Chernobyl Frogs* auf den Lauten von Amphibien basiert. Schon die Tatsache, dass für

18 Artificial Memory Trace: *Paradox of Paradox / Interception I.* 2 x CD, Attenuation Circuit 2012 (ACR 1019), CD 1, Track 2.

Alytes ein 1991 entstandenes Field Recording von Geburtshelferkröten *(Alytes obstetricans)* mit einer Aufnahme von Rotbauchunken *(Bombina bombina)* von 1994 überlagert wurde, stellt eine Entortung der Klänge dar, die sie von der Aura ihrer dokumentarischen Authentizität befreit und sie für klangliche Manipulationen öffnet, an deren Ende eine musikalische Struktur steht. Die faszinierende Ambivalenz des Stücks besteht darin, dass für die RezipientInnen, sofern sie keine einschlägig spezialisierten ZoologInnen sind, unklar bleibt, inwieweit die Amphibienstimmen nachträglich bearbeitet wurden. Das Fehlen von Angaben zur Aufnahmesituation und zur Klangqualität des Ausgangsmaterials trägt zu dieser Ambivalenz bei: Klingen diese Kröten auch live so ‚elektronisch'? Was ist hier nun ‚echte' Natur und was ‚künstliche' Kultur?

Artificial Field Recordings[19], ein Album des polnischen Künstlers Mirt, nähert sich dieser ambivalenten Grauzone zwischen ‚artifizieller' Musik und ‚natürlichem' Geräusch aus der anderen Richtung. In einen durchaus in konventionellem Sinne als musikalisch erkennbaren Kontext – die ambientartigen Tracks werden u. a. mit Gitarren, Synthesizern und Perkussionsinstrumenten eingespielt und bedienen sich auch gängiger Harmonien – werden immer wieder Field Recordings eingearbeitet. Diese allerdings sind meist so Lo-Fi und unspezifisch, dass sie eher als geräuschhaftes Element der musikalischen Textur wahrgenommen werden denn als Dokumente eines Außen. Zudem wird im Verlauf des Albums immer deutlicher, dass manche der vermeintlich typischen Field-Recording-Sounds eben gerade nicht ‚echt' sind, sondern mit Musikinstrumenten erzeugt wurden.

Die oben erwähnte ‚Medienvergessenheit' neigt zur Verkennung der Tatsache, dass Field Recordings, die mit enormem technischem Aufwand versuchen, so zu klingen ‚wie echt', einen ungleich höheren technischen Aufwand voraussetzen und damit womöglich in einem höheren Maße ‚künstlich sind' als solche, die sich als Lo-Fi-Aufnahmen zu erkennen geben. Die Forschungen des Psychoakustikers Michael Oehler legen nahe, dass klangtechnisch allzu brillante Field Recordings die intendierte Verortung und damit eben die Aura historischer Zeugenschaft untergraben, weil sie Umweltgeräusche in einer Aufnahmequalität präsentieren, die der Mensch beim Hören

19 Mirt: *Artificial Field Recordings.* CD, cat | sun 2011 (cat8).

von Geräuschen ‚in freier Natur' bzw. *‚in the field'* aus physiologischen Gründen gar nicht erleben kann.

> Laut Michael Oehler wird in Hi-Fi-Produktionen mit Klängen gearbeitet, „die so in der Natur nicht vorkommen. Das akustische Signal wird bereits an der Ohrmuschel verändert. Schon hier werden Teilbereiche des Klangs, bestimmte Frequenzen abgesenkt oder verstärkt." Eine genuine Klangtreue gibt es nicht.[20]

Moderne urbane Soundscapes hingegen können, nimmt man R. Murray Schafers Definition beim Wort, gar nicht in Hi-Fi-Field-Recordings eingefangen werden, weil sie ihrem Wesen nach Lo-Fi sind, ein Umstand, den der Vordenker der Soundscape-Komposition, dessen konservatorischer Impetus auch weite Teile der zeitgenössischen Field-Recording-Szene inspiriert, ausdrücklich bedauert:

> Die Lo-Fi-Soundscape entstand mit der Industriellen Revolution und erweiterte sich durch die ihr nachfolgende Elektrische Revolution. Ursache für das Entstehen der Lo-Fi-Soundscape war eine übermäßige Anhäufung von Lauten. Zudem brachte die Industrielle Revolution eine Vielzahl neuer Laute, was unglücklicherweise zur Folge hatte, dass natürliche und menschliche Geräusche von den neuen Lauten verdeckt zu werden drohten. [...] In einer typischen Lo-Fi-Soundscape beträgt der Rauschabstand 1:1, und es ist unklar, welchem Laut zugehört werden soll.[21]

Der kulturpessimistische Tenor von Schafers Diskurs hält neueren Befunden der kulturgeschichtlichen und psychoakustischen Forschung nicht stand. „Historisch beweisen lässt sich weder das Lauter- noch das Leiserwerden der Welt, und für beides gibt es Indizien."[22] Ferner gilt: „Das menschliche Gehör passt sich immer wieder an Lo-Fi-Bedingungen an, es ist ein alltäglicher Vorgang"[23], der Michael Oehler zufolge darauf ausgerichtet ist, bestimmte Frequenzen herauszufiltern:

> „Schon daraus erkennt man ganz gut, dass unser auditorisches System aus evolutionärer Sicht dafür ausgelegt ist, akustische Sprachkommunikation zu ermöglichen, und das eben auch unter widrigen Bedingungen, also unter Lo-Fi-Bedingungen."[24]

20 Raphael Smarzoch: Rauschen, Knistern, Zirpen. Lo-Fi-Sounds zwischen Lärm und Lässigkeit. In: *Neue Zeitschrift für Musik* 173,1 (2012), S. 64–65, hier S. 65.

21 Schafer: *Ordnung der Klänge*, S. 136.

22 Sieglinde Geisel: *Nur im Weltall ist es wirklich still. Vom Lärm und der Sehnsucht nach Stille.* Berlin: Galiani 2010, S. 93.

23 Smarzoch: Rauschen, S. 65.

24 Ebd.

An den oben behandelten Beispielen hat sich gezeigt, dass Soundscapes und Field Recordings ihre zeichenhafte Aura nur aufgrund ihrer Einbindung in sprachliche Diskurse und andere kulturell codierte Zeichensysteme erhalten und somit nicht als Klang an sich funktionieren können, sondern als hörbare (Denk-)Anstöße für eine „conversation with the cross talk of the world“[25]. Das Erleben akustischer Phänomene erweist sich damit als wesentlich von gesellschaftlichen Bedingungen geprägt. Diese Einsicht öffnet das Feld des Akustischen für Formen der sozialen Interaktion und Kommunikation, die über das kontemplative Anhören auratischer Audio-‚Zeugnisse' hinausgehen und die Frage, „welchem Laut zugehört werden soll“[26], in einem gemeinsamen Prozess zur Diskussion stellen. Urbane Räume, in denen sich vielfältige Zeichensysteme überlagern, bieten ein ideales Spielfeld für künstlerische Praxen, in denen die Aufnahme nicht das Endprodukt ist, sondern nur der Ausgangspunkt für akustische Interventionen in den städtischen Raum. Die akustische Entortung durch das Zurückführen verfremdeter Field Recordings an den Ort ihrer Aufnahme in Klanginstallationen wie *Transport* von Frans de Waard[27] oder Performances im öffentlichen Raum wie *SoundCycle* von Zander/Fiebig[28] macht den nur scheinbar natürlichen Charakter von Geräuschen erfahrbar. Damit ist sie die dialektische Voraussetzung einer (Neu-)Verortung von Klangerfahrungen in offenen Formen wie Audiowalks. Diese lassen KünstlerInnen und Publikum als HörerInnen und GesprächspartnerInnen tendenziell gleichberechtigt miteinander interagieren und „engage a slew of concerns having little or nothing to do with the sonic“[29], wie Seth Kim-Cohen am Beispiel von Christina Kubischs *Electrical Walks* ausführt:

> The "real" in play is sociality, the formation of identity in the metropolis according to predefined actions, functions, and occupations. [...] The crucial encounter is not with sound-in-itself, but with categories of experience and identity; with questions of the naturalness or normality of a class of activities;

25 Kim-Cohen: *Blink of an Ear*, S. xxiii.

26 Schafer: *Ordnung der Klänge*, S. 136.

27 Vgl. http://www.d21-leipzig.de/index.php?id=11&items=54 (Zugriff am 31.12.2013).

28 Zander / Fiebig: *SoundCycle*. CD, Attenuation Circuit 2011 (ACC 1003), vgl. v. a. Track 6 *(Rathaus)*.

29 Kim-Cohen: *Blink of an Ear*, S. 119.

> and with other selves engaged in their own categories, experiences, questions, and activities.[30]

In Bezug auf den Einsatz von Field Recordings in Audioarbeiten liefern Benjamins Konzepte von Aura und geschichtlicher Zeugenschaft nicht nur eine brauchbare Matrix für theoretische Untersuchungen zum Verhältnis dieser diversen (nicht nur ästhetischen, sondern ethischen und damit tendenziell politischen) Kategorien, Erfahrungen, Fragen und Aktivitäten innerhalb eines Werks, sondern auch für die Selbstreflexion einer Field-Recording-basierten Praxis durch die KünstlerInnen selbst.

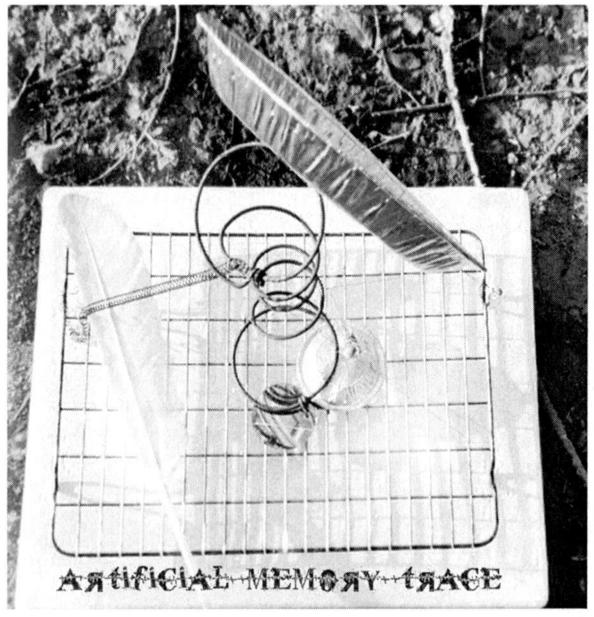

Abb. 1: Cover von Artificial Memory Trace: *Paradox of Paradox/ Interception I.* 2 x CD, Attenuation Circuit 2012 (ACR 1019).

30 Kim-Cohen: *Blink of an Ear*, S. 119.

Audio Map, Audiowalk, performatives Hörspiel

radio aporee

experimentelles Radio, performatives Hören[1]

Udo Noll

Mein Name ist Udo Noll. Ich entwickle und betreibe die Plattform *radio aporee*, welche sich mit Klängen und Räumen beschäftigt. Es werden im Folgenden einige Ausgangspunkte des Projekts beleuchtet, wie es zustande kam und welche Aspekte dabei wichtig sind.
Wenn ich von ‚Raum' spreche, dann meine ich auch die ‚neuen Räume', die ‚augmented spaces', die Überlagerungen von Räumen, die durch Verbindungen von Technologien und Medien mit dem Realraum entstehen. Bei meiner Arbeit mit dem Radio denke ich auch immer an das experimentelle Radio, bei dem Sender und Empfänger in einer durchaus performativen Beziehung und beweglichen Konstellation im Gegensatz zum klassischen Radio stehen.

Karten

Einer der wesentlichen Ausgangspunkte für *radio aporee* ist die wohl geläufigste Repräsentation von Raum: die Karte. Jeder kennt das Phänomen bei der Ansicht einer Karte, zunächst sich selbst verorten zu wollen, seinen eigenen Standpunkt zu suchen. Erste Erfahrungen der Ortsentfernungen macht man natürlich auch im realen Raum, aber ebenso durch Karten. Durch sie bekommt man eine Idee von Distanzen und ein Bild der Welt. Die *mappa mundi* ist dabei besonders interessant. Ein Beispiel für diese ist die *Ebstorfer Weltkarte*. Sie entstand im 13. Jahrhundert in einem Kloster und verbrannte bei einem Bombenangriff auf Hannover im Jahr 1943, wurde jedoch später mit wenigen fehlenden Stücken rekonstruiert.
Diese Karte basiert weniger auf geographischen Fakten, sondern vielmehr auf dem mythologischen und theologischen Wissen ihrer

1 Dieser Text ist eine transkribierte Fassung eines mündlichen Vortrags, den Udo Noll für das Symposium am 29.10.2011 im Rahmen der Ausstellung *Verortungen / Entortungen: Urbane Klangräume* gehalten hat. Die im Kontext der Ausstellung entstandenen Sound-Walks sowie dokumentarische Field Recordings sind im Internet unter http://aporee.org/maps/ abrufbar.

Zeit. Welt und Corpus Christi fallen zusammen, Osten ist oben im Gegensatz zu genordeten Karten der Gegenwart, im Zentrum steht Jerusalem, als Ort der Erwartung und Wiederkehr. Unsicheres Wissen, z. T. zurückreichend bis zur Antike, findet sich an den Rändern der Karte. Gleichzeitig trifft die *mappa mundi* in der Anordnung ihrer Elemente fundierte Aussagen über das Verhältnis von Politik und Raum. Mit ihrer Verräumlichung des Wissens und einer Weltanschauung ist diese Karte im Grunde nah an den medialen Karten der Gegenwart, ihren Techniken und Strategien der Wissensverortung.

Eine andere Kartenpraxis, die *Portolankarte*, hatte im Gegensatz zur geosteten *Ebstorfer Weltkarte* keine Vorzugsrichtung. Sie war eine Gebrauchskarte und wurde zur Navigation auf Schiffen eingesetzt. Die Karte wurde gedreht, bis sie mit der Wirklichkeit korrelierte, beispielsweise einem Küstenverlauf oder einer Insel. Die Karten verbesserten sich mit jedem zurückkehrenden Schiff. Der kostbare Erfahrungsschatz der Seefahrer, z. B. über neue Routen, Gefahren oder Versorgungsmöglichkeiten auf teils monatelangen Reisen, wurde in den Häfen gegen Schnaps und Bares eingetauscht und bildete die Grundlage sowohl großer Verlagshäuser als auch eines strategischen Wissens von zunehmender nationaler und militärischer Bedeutung.

Diese Akkumulation von Wissen als Basis neuer Geschäftsmodelle und strategischer Vorteile ähnelt den Praktiken des sogenannten ‚user generated content' im Web 2.0, in denen unzählige Einzelinformationen des ‚Users' in einem fortlaufenden Tauschprozess erhoben, zusammengesetzt, analysiert und ausgewertet werden.

Diese Karte, die innerhalb eines Projektes von mir am Zentrum für Kunst und Medientechnologie Karlsruhe (ZKM) entstand, basiert auf der Analyse des Buches *Reise in die Äquinoktial-Gegenden des Neuen Kontinents* von Alexander von Humboldt. Die Aufzeichnungen des Buches und seine gesammelten Informationen aus Geologie, Geographie, Soziologie, etc. haben wir algorithmisch zerlegt und in eine Karte zur Erkundung der Bedingungen des sogenannten ‚cyberspace' überführt. Daraus entstand eine lesbare Landschaft, die in Beziehung zum ‚User' gesetzt wurde und sich ständig veränderte. Ziel war es, zu erkunden, wie mediale Systeme unsere Raumwahrnehmung transformieren.

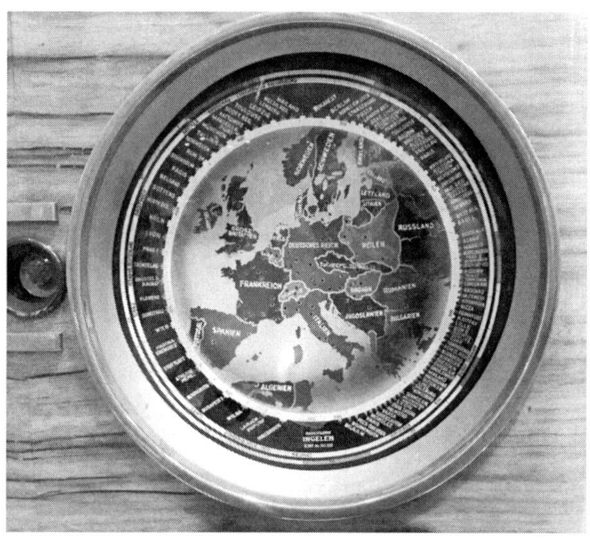

Abb. 1: Ingelen Geographic Radio Empfänger
im Technikmuseum Berlin.

Vom Radio zum Internet

Karten sind ein Ausgangspunkt für *radio aporee*. Der andere wichtige Ausgangspunkt ist das Radio. Im Jahr 1886 gab es ein folgenreiches ‚displacement'. Heinrich Hertz nutzte in seinem Laborexperiment einen Funkengenerator auf der einen Seite und auf der anderen Seite ein Instrumentarium, welches das Muster der Funken sichtbar machen konnte. Damit schloss Hertz den Raum des Elektromagnetismus auf. Ein Raum, der sich gänzlich der Anschauung entzieht, der aber fortan mächtig in den Realraum wirkte. Guglielmo Marconi, ein Physiker und Techniker aus Italien, entwickelte aus der Hertz'schen Funkstrecke das Radio. In Cornwall, England, übertrug man über den Atlantik 1903 den ersten kabellosen Gruß zwischen König Edward VII. und Theodore Roosevelt.

Ein weiterer Sender, der Poulson-Sender, ist der Urahn des Mobiltelefons. Er konnte aufgrund seiner kleinen Bauweise auch auf Schiffen eingesetzt werden. Auch hier kommt es zur Überlagerung geografischer und medialer Systeme, diesmal in der Hand des Militärs. Das erste Mal hörte eine Mannschaft, die 1.000 Kilometer entfernt auf dem Meer war, eine Stimme von Land. 1.000 Kilometer waren anschliessend, nach der Anwesenheit der Stimme, nicht mehr das Gleiche wie vorher.

Radio und Raum gehören zusammen. Ein Beleg dafür sind die Skalen alter Radioempfänger, eine wilde Geografie. Angaben wie Belgrad, Lille, Kopenhagen, Frankfurt, Odessa, Monte Carlo sind darauf zu finden, neben eher unbekannten Namen. Das sind zum Teil die Ursprungsorte des Radios, Standorte der ersten Knallfunkensender, deren permanentes Funkengewitter so laut war, dass sie nur außerhalb der Orte betrieben werden konten. Das war meine erste Klangkarte, die Bewegung auf der Skala mittels Drehknopf analog zum Finger auf der Landkarte. Das Radiohören brachte Klänge, Fremdes, Ungehörtes, Unverständliches in Verbindung mit dem Raum hervor.

Die Beschäftigung mit einem Medium wird spannender, wenn man sich seine Produktionswirklichkeiten und Verbreitungskanäle aneignet. Das führt beispielsweise als Piratensender an die Grenze des Legalen und weist auf die zum Teil militärische Herkunft oder zumindest regulierte Praxis bestimmter Medien hin. Ein UKW-Sender war für mich einerseits Instrument der Anfänge meiner medialen Praxis sowie nautisches Besteck zur Erkundung des Äthers.

Der Kontakt mit dem Internet Anfang der 1990er Jahre veränderte einiges. Das Eintauchen in diese digitale Parallelwelt war unmittelbar mit einer Raumerfahrung verbunden und nebenbei auch mit einem Klang: das Geräusch des Modems beim Verbindungsaufbau. Die Skizze zeigt und beschreibt einen Versuchsaufbau mit Internetserver, Telefon und beweglichem UKW-Sender, den ich Anfang 2000 für ein Projekt in Brüssel entworfen habe. Die Anordnung verbindet verschiedene technische Medien und Netzwerke, sie erlaubt Verbindungen und Übergänge, auch im Sinne einer Narration, durch und über den medialen Raum. Mobiltelefon und Netzwerk werden hier zum Mikrofon und Sensor eines experimentellen Radios, der mobile Sender, auf seinem Weg durch die Stadt, erzeugt eine konkret-räumliche Intervention in der urbanen Geographie, eine kurze und unerwartete Klangspur im vertrauten Hörraum.

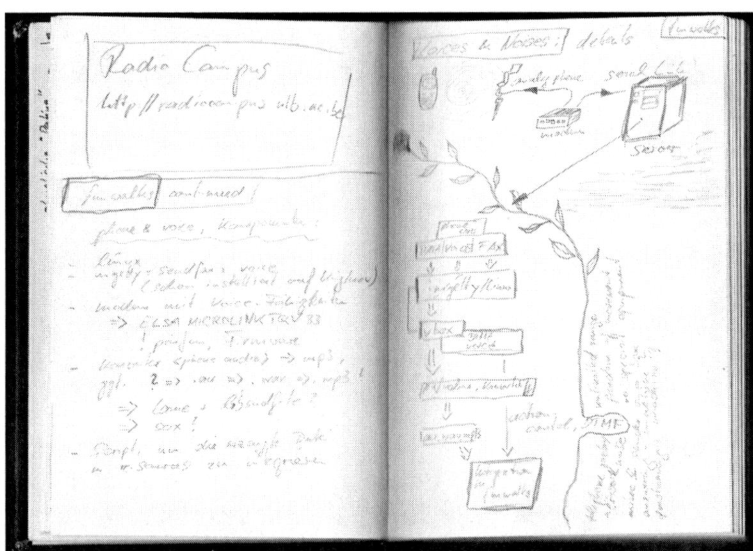

Abb. 2: fmwalks.

radio aporee

In dieser Zeit traf also mein Interesse für die Geschichte, Technik und mediale Geographie des Radios auf die Möglichkeiten des Internets. Beides sind Medien einer intensiven Orts- bzw. Raumerfahrung, im Radio hervorgerufen durch Klang, Sprache und das Geräusch, auch und insbesondere das Rauschen zwischen den Sendern, im Internet, gleichermaßen wahrgenommen als sozialer Möglichkeitsraum, verbunden mit geografischer Ausdehnung und Raumtiefe, die Erfahrungen und Entdeckungen versprachen. Im Jahr 2005 stellte Google sein neues Projekt *maps* erstmals einer Gemeinde von Entwicklern zur Verfügung für sogenannte ‚mash-ups', also der Überlagerung von geografischen Karten mit beliebigen Informationen.

Das Aneignen und Ausprobieren der technischen Möglichkeiten vor dem Hintergrund der genannten Ausgangspunkte meines Interesses führte letztlich zur Verbindung von Tonaufnahmen und Karte in Form des offenen Projekts *radio aporee ::: maps*.

radio aporee ::: maps ist eine Klang-Kartographie bestehend aus Aufnahmen unterschiedlichster Lebenswelten wie Bio-, Geo- und Anthroposphäre. Es ist ein kollaboratives Projekt, das Ende 2006 begann und Interessierte sind eingeladen, mitzumachen und dem Klangspeicher

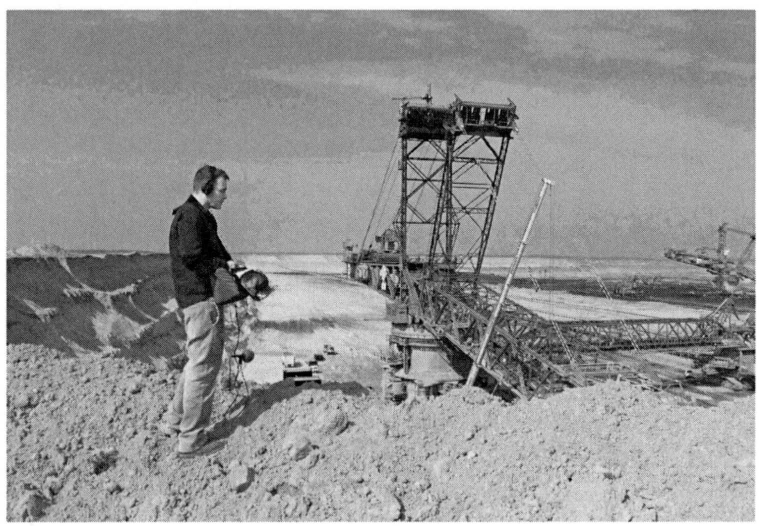

Abb. 3: Braunkohletagebau Garzweiler II.

etwas beizutragen. Das Projekt enthält mittlerweile mehr als 20.000 Aufnahmen von ca. 900 Beitragenden. Bei den Aufnahmen kann es sich beispielsweise um den Glockenschlag eines Doms, einen rauschenden Fluss, also um eine typische Soundscape, handeln. Manche Beiträger sind aber auch expressionistisch unterwegs und gehen ins Detail, Regentropfen sind zu hören, mit Spezialmikrofonen geht man in die Strukturen des Ortes hinein. Es wird auch mit Unterwassermikrofonen und Kontaktmikrofonen, die Schwingungen im Material entdecken, gearbeitet. Oder die eigene Stimme wird aufgenommen, die beschreibt, was sie sieht und was um sie herum passiert, ein Audio-Letter wird verfasst. Es gibt sehr unterschiedliche akustische Praktiken und Herangehensweisen an Orte, dokumentarische bis künstlerische Perspektiven, jedoch auch die Gelegenheitsaufnahme, weil die Wirklichkeit auch ganz en passant, nebenbei, interessante Dinge hervorbringt. Die Aufnahmen werden auf einer Karte an den Orten markiert, von denen sie kommen. Es geht dabei um eine konkrete Zuordnung. *radio aporee* ist zu einem Klangspeicher geworden, in dessen Zentrum der Aktivitäten die Karte steht. Und zwar die Google-Karte.

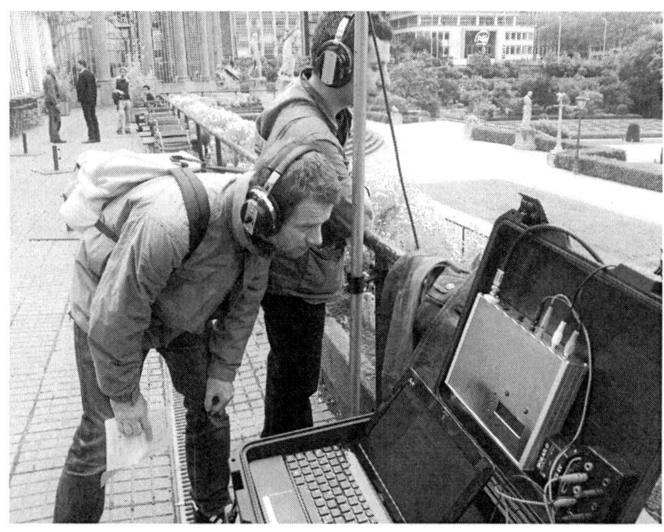

Abb. 4: Tuned City Festival Brüssel, 2013,
Radiokunst im öffentlichen Raum.

Meine frühen geografischen Imaginationen sind geprägt von Karten und Atlanten einer bestimmten Form- und Farbgebung, die entweder Politisches, Geografisches oder Ökonomisches abbildeten, also visuelle Stereotypien mit hohem Wiedererkennungswert. Google hat nun in kürzester Zeit das Bild von der Welt oder auf die Welt im wörtlichen Sinn verändert. Allerdings, dessen muss man sich bewusst sein, liefert Google kein objektives Bild der Welt. Vielmehr handelt es sich um eine privatwirtschaftliche Firma mit umfangreichem visuellen Kapital und einer nicht notwendigerweise offenen Agenda. Darüber hinaus lässt es sich aber bestens damit arbeiten.

Alle Klangaufnahmen werden als rote Punkte auf der Karte markiert, dabei kann ein Ort auch mehrere Aufnahmen von unterschiedlichen Leuten zu unterschiedlichen Zeiten aufweisen, wie zum Beispiel in Berlin am Maybachufer das Terrain eines wöchentlichen Marktes, der ein sehr reichhaltiges akustisches Ambiente bietet. Solche Orte sind ein spannendes Experimentierfeld, weil sie ein dichtes Geflecht von Klangpunkten aufweisen. So entstand die Überlegung, einem mobilen Hörer die aufgenommenen Klänge, die im Internet auf die Klangkarte ‚displaced' wurden, wieder in den Realraum zurück zu spielen und ihn dort vor Ort diese Klänge hören zu lassen. Dann ist

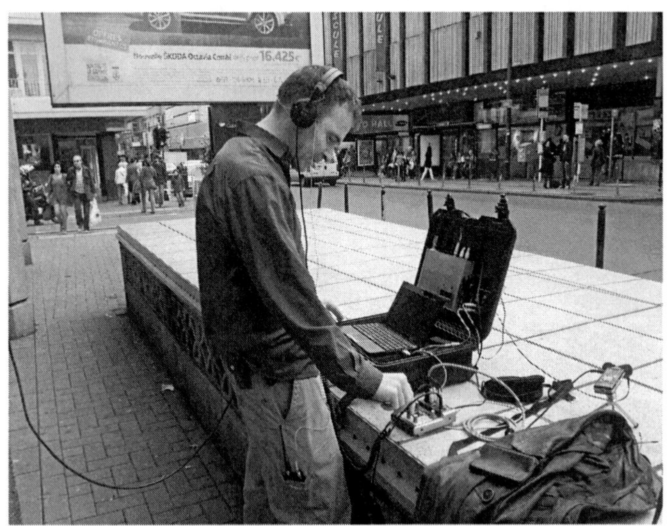

Abb. 5: Tuned City Festival Brüssel, 2013,
Radiokunst im öffentlichen Raum.

das nicht mehr der Finger auf der Karte oder der Curser auf dem Bildschirm, sondern man wird selbst zum Curser und die Karte ist der Raum.

Die hohe zeitliche und räumliche Dichte der Aufnahmen war letzlich der Ausgangspunkt für meine Experimente mit dem mobilen Hören basierend auf aktuellen Telefontechnologien: Das Smartphone als Empfänger für ein Radio, das einen förmlich umgibt und Klänge im Modus des Flaneurs, entsprechend seiner Bewegung, Richtung und Geschwindigkeit abspielt.

Das Ganze funktioniert mittels der kleinen von mir entwickelten Application *radio aporee* für Mobiltelefone, die über GPS und Internet verfügen. Diese App verwandelt das Telefon in einen Radioempfänger.

Auf Basis dieser digitalen Entwicklungen ergab sich eine Zusammenarbeit mit Deutschlandradio Kultur, deren Ziel die Erprobung oder Anwendung des Projekts im Bezug auf Hörspiele im öffentlichen Raum war. Künstlergruppen waren aufgefordert, Vorschläge für ortsbezogene Arbeiten zu entwickeln, die unter dem Titel *Radioortung – Hörspiele für Selbstläufer* von der Hörspielabteilung produziert wurden. Zum Beispiel produzierte die freie Radiogruppe LIGNA das

Stück *Verwisch die Spuren!* bestehend aus 32 Hörspielfragmenten und für *50 Aktenkilometer* zog das Autoren-Regie-Team Rimini Protokoll Stasi-Dokumente aus den Archiven und verteilte die über 100 Aufnahmen in Berlin-Mitte. Beide Projekte können noch immer über die *radio aporee* App gehört werden.

Ich habe *radio aporee* für Interessierte zugänglich gemacht, die kleine Stücke an der nächsten Häuserecke herstellen und weggehen von diesen explosiven Produktionen, obwohl ich diese klasse finde. Hätte ich einen Wunsch frei für die Zukunft des Projekts *radio aporee*, so wünschte ich mir, dass an den unterschiedlichsten Orten der Welt kleine Stücke entstehen, Fragmente, Miniaturen, Klang und Narration, von Dokumentation über Fiktion bis hin zu Poetischem, hörbar en passant, und dass es ermöglicht wird, im Vorbeigehen eine Welt wahrzunehmen jenseits der banalen Erzählungen von Absatzmärkten und Massenmedien.

Damit das geschieht, gebe ich auch gern Workshops zum Thema, an deren Ende dann wie zum Beispiel just in Tallinn eine *miniature for mobiles* im öffentlichen Raum oder wie im Leipziger Stadtteil Lindenau im Rahmen der Ausstellung *Verortungen / Entortungen: Urbane Klangräume* zwei Stücke, zwei Sound-Walks entstehen. So hat der Audiokünstler Seetyca mit *Entortungen/Verortungen* ein sehr musikalisches Stück gestaltet, in dem die Klänge der Umgebung in Musik transformiert und diese über die Technologie *radio aporee* wieder zurück in den Raum, an den Ort der Aufnahme gespielt wurden. Ich selbst habe ein Fragment gebliebenes Stück hier am Lindenauer Markt gemacht, es trägt den Titel *Leipzig, Lindenau, Tramscape.* Und hiermit bin ich am Ende meines Vortrages angelangt.

Stadt als Sammlung von Gespenstern

Ghost Tracks: Karl-Heine-Straße

Marcus Quent

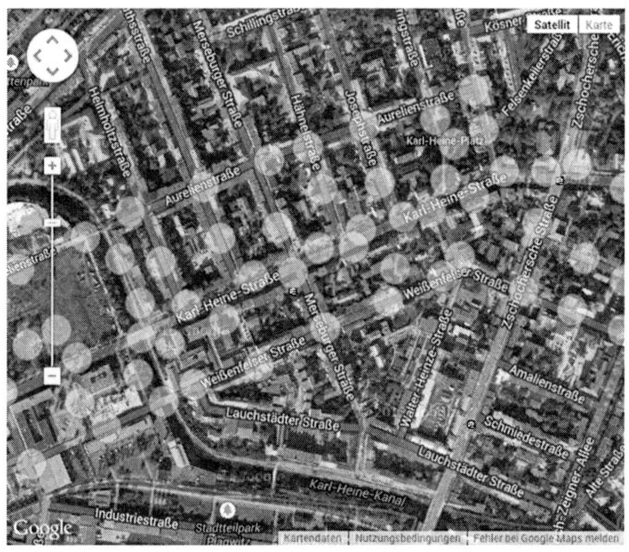

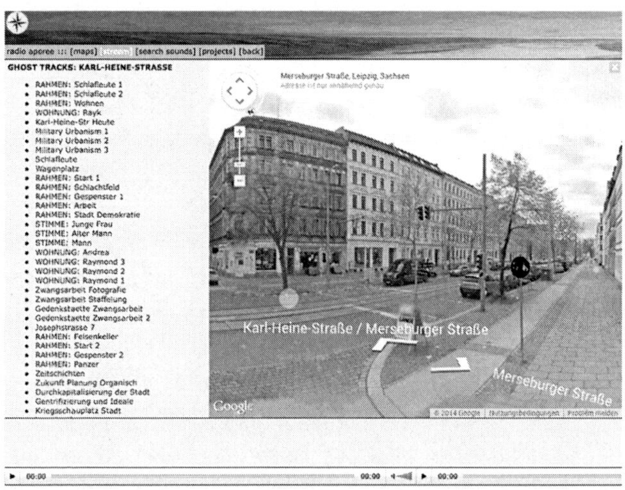

Abb. 1–2: *Ghost Tracks: Karl-Heine-Straße*, 2013.

Ghost Tracks (Leipzig, 2013) kann als ein Versuch beschrieben werden, Zeiten und Orte in einem Raum zu verdichten. Industrialisierung im Zeichen von Kriegstechnologie und Zwangsarbeit, gegenwärtige ökonomische Krisen und politische Kämpfe auf globaler Ebene, die zunehmende Kommodifizierung urbaner (Sub-)Kultur, aber auch Zukunftsbilder von überwachten und militarisierten Städten – all diese Szenen aus Vergangenheit und Zukunft perspektiviert die freie Theater- und Performance-Gruppe friendly fire in ihrem ortsspezifischen Audiowalk.

In einen städtischen Raum Leipzigs hinein, der exemplarisch für die Verbindung von Wohnen, Arbeit und Krieg steht, projiziert *Ghost Tracks* Ergebnisse einer Spurensuche. Diese Suche verfährt entlang von historischen Erinnerungsorten in der Umgebung, fängt Stimmen von AnwohnerInnen ein und trifft in Gesprächen auf HistorikerInnen, StadtforscherInnen und KulturwissenschaftlerInnen. Das Recherchieren von meist unbekannten und verdeckten Zeit(ge)schichten ermöglicht ein präzises Arrangement von historisch divergenten Materialien. Gleichzeitig ist diese Zusammenstellung verknüpft mit Diskursen des Städtischen, verweist im Sinne einer Metaebene auf eine Auseinandersetzung, die über den konkreten Ort hinausführt und den Wandel des Verständnisses von Stadt reflektiert. So wird einerseits erkundet, was den konkreten städtischen Raum in seiner Geschichtlichkeit auszeichnet, welche Auseinandersetzungen auf vergangenen Schauplätzen ihn zu dem gemacht haben, was er heute ist – zur gleichen Zeit wird durch diese annäherungsweise Bestimmung seiner Besonderheit aber immer unklarer, was eine Stadt überhaupt auszeichnet. In der Konstellierung bestimmter, für den Ort charakteristischer Themenkomplexe insistiert so die Fragestellung: „Was ist eigentlich eine Stadt?“

Auf den circa einen Kilometer langen Abschnitt der Karl-Heine-Straße, welche zwischen den Leipziger Stadtteilen Plagwitz und Lindenau im Westen der Stadt verläuft, legt die Gruppe eine Textur aus insgesamt 61 vorproduzierten Audio-Tracks. Die Tracks sind auf der von Udo Noll ins Leben gerufenen, offenen Internetplattform *radio aporee*, die ortsspezifische Klänge mit Karten verknüpft, als eine *miniature for mobiles* abrufbar.[1] Die TeilnehmerInnen des Audiowalks, die zu

1 Die Tracks des Audiowalks *Ghost Tracks* sind abrufbar unter http://aporee.org/mfm/tracker.php?id=128 (Zugriff am 07.12.2013). Alle Zitate im Fließtext, deren

Beginn ein Smartphone und einen Kopfhörer zur Verfügung gestellt bekommen, aktivieren je nach eingeschlagener Route durch das Areal und ihre jeweilige Position im Raum mittels GPS-Signal Audiotracks, die mit spezifischen Orten verknüpft sind. Die Tracks haben eine Länge von durchschnittlich zwei bis drei Minuten und enthalten O-Töne von ExpertInnen, Interviews mit AkteurInnen und von minimalistischen Sounds untermalte poetische und kommentierende Textfragmente, die als Rahmen fungieren.

Der Audiowalk stellt damit ein Instrumentarium zur Verfügung, durch das während der eigenen Erkundungstour eine Textur des Städtischen *unterhalb* des Sichtbaren zum Vorschein gebracht werden kann. Movens dieser ästhetischen Praxis ist es, die historischen Schichten und Verwerfungen der Stadt, das Überbordende ihrer Geschichte, auszustellen und neu zu arrangieren, es auf neue Weise in Konstellation treten zu lassen. Den Raum des Gegenwärtigen *virtuell* zu durchlöchern, ihn als immer schon durchlöcherten zu inszenieren, ist zentrales Moment dieser künstlerischen Praxis. Die Materialität der Stadt, ihr scheinbar Zeitloses, zu Stein Gewordenes, wird hier durch eine Inkonsistenz kompromittiert, deren Spuren man als TeilnehmerIn nachvollzieht und an deren (Wieder-)Aufnahme man sich gehend-hörend versucht. Jenes insistierende Moment, das Stadt als Permanenz von Abbrüchen erfahrbar macht, erscheint bei friendly fire im Modus des Gespenstischen und Geisterhaften. Es firmiert hier – darauf verweist bereits der Titel der Produktion – unter dem Namen des *Gespensts.*

So arbeitet *Ghost Tracks* durchweg mit einer Dramaturgie des Gespenstischen: Die Auseinandersetzung mit blinden Flecken der Stadtgeschichte entfaltet sich als eine Heimsuchung der Gegenwart durch Vergangenheit und Zukunft. Neben diesem inhaltlichen Gesichtspunkt sind es aber vor allem poetische Texte als ‚Knotenpunkte' und rahmende Elemente, die immer wieder eine affektive Stimmung produzieren und fragend insistieren, sowie Soundeffekte und nicht präzise identifizierbare Klangmaterialien, die sich in die Tracks einschreiben und ihren Zusammenhang unterbrechen.

Quellen nicht zusätzlich in Fußnoten ausgewiesen sind, stammen aus dem Text des Audiowalks.

Doch noch grundlegender hat der Audiowalk selbst in mehrfachem Sinn teil an der Logik des Gespenstischen. Mit Blick auf seine Medialität kann er zunächst beschrieben werden „als Wanderung mit einer unbestimmten Sprechinstanz“[2]. Denn das Gehen der TeilnehmerInnen, das von Stimmen begleitet oder geleitet, geführt oder bedrängt wird, kann als Gehorsam gegenüber einer „vorgängigen Präsenz, die ihre Ton-Spuren auf dem akustischen Speichermedium hinterlassen hat“[3], erscheinen. Doch eröffnen sich für die Gehenden durch die Optionen, welche die „gespenstische“ akustische Präsenz ihnen offeriert, gleichsam Möglichkeiten einer *Aktualisierung*. Die Beziehung zwischen Schritten und Stimmen erschöpft sich nicht in einer einfachen Hörigkeit, vielmehr oszilliert das Gehen hier zwischen Nachfolgen und Abweichen, Eingehen und Ausweichen usw. – eine „Kunst, mit den Gespenstern zu wandern.“[4]

Auch wenn dieses Gehen ein *Nach*gehen ist, ein Nachfolgen, dem ein Moment von Unfreiheit eignet, liegt das Moment der Performance hier wesentlich in der *Ausführung* der TeilnehmerInnen – über sie hinaus gibt es nichts: keine Aufführung, die sich in irgendeiner Weise materialisiert. Die Aufführung selbst bleibt in der Ausführung unsichtbar; findet sie statt, dann nur als eine imaginative im Vorstellungsraum der einzelnen TeilnehmerInnen, welche als vereinzeltes, zerstreutes und beinahe unsichtbares Publikum das städtische Areal durchschreiten. Im selben Moment, in diesem Abtauchen in einen Hör-Raum, öffnet sich, gleichsam aus einem Hinterhalt oder aus dem Off einer Szene, der Blick für jene Aufführung, die Stadt immer schon ist und der man sich im Moment des gehend-hörenden Vorstellens und Nachspürens zu entziehen versucht. Das Lesen der Spuren wandelt sich zu einer potenziellen Aussetzung der permanenten Aufführung und Ausführung, die die Stadt *ist*. Diesem Gehen wohnt, so besehen, dann ein Moment des Stillstehens inne: *Man geht, um still stehen / still stellen zu können.*

Zu diesem Zweck stellt *Ghost Tracks* eine Anordnung von Stimmen und Sounds zur Verfügung, die durch das eigene Gehen komponiert, variiert und in Szene gesetzt werden können. Stimmen und Sounds,

2 Ralph Fischer: *Walking Artists. Über die Entdeckung des Gehens in den performativen Künsten.* Bielefeld: Transcript 2011, S. 292.

3 Ebd.

4 Ebd.

die nach einigen Stunden des Gehens wie eine, aus einer Vielzahl von Zitaten bestehende Ansprache an ein nicht vorhandenes Publikum wirken können; ein auditives Instrumentarium, das das Potenzial zu verschiedenartigen Aufführungen ermöglicht, die sich aber wesentlich in der Ausführung, der Imagination der TeilnehmerInnen vollziehen.

„Man muss unsichtbar werden, um die Spuren dessen zu entdecken, was unsichtbar ist", heißt es in einem Track: „Nur Geister sehen Geister." Die Spuren, denen hier nachgegangen wird, sind die Spuren der Arbeit, des Wohnens, des städtischen Alltags und des Kriegs. Dem Glitzer des Hier und Jetzt, der oftmals schlicht die vom konsumistischen Spektakel überdeckte Trostlosigkeit des Immergleichen ist, setzen friendly fire in ihrem akustisch-räumlichen Gedankenexperiment eine Übertreibung entgegen, um das in Zement gegossene Heute in Bewegung zu versetzen: „Städte sind Schlachtfelder."[5] Stadt wird unter Rückgriff auf Walter Benjamin als ein Ensemble von Räumen beschrieben, das durch das Dispositiv des Kriegs zusammengehalten wird. In einem weit gefassten Verständnis des Begriffes ist es hier der Krieg, der die Elemente Alltag und Wohnen, Arbeit, Produktion und Konsum als eine spezifische raum-zeitliche Konfiguration – „Stadt" – entfaltet. Vom Krieg ausgehend soll es möglich werden, quasi rückwärts, die Strukturierung des städtischen Lebens zu durchschauen. Dieses Verständnis von Stadt als einem Medium der „Militarisierung, Kolonisierung des Alltagslebens", als dem Medium – nicht nur dem Schauplatz – von Kriegsführung, kontrastiert dabei in starker Weise ein vorherrschendes Narrativ des Städtischen als Ausweis von Modernität, Motor des Fortschritts und kulturelles Versprechen eines selbstgewählten Lebens.

Die Karl-Heine-Straße im Westen Leipzigs, ein Brennpunkt der Stadtentwicklung, eignet sich in besonderer Weise zur Austragung von Gespenster-Konflikten. Die Entwicklung des Leipziger Westens als Ort der Kunstszene trägt seit einigen Jahren zu einer spürbaren Veränderung der Karl-Heine-Straße und ihrer Umgebung bei. Die Veränderungen des Viertels werden dabei von familiär-urbanem Wohlfühlfaktor und einem zunehmenden Angebot eines Einheitsbreis aus

5 Walter Benjamin: Kommentare zu Gedichten von Brecht. In: Ders.: *Gesammelte Schriften*, Bd. II.2, hrsg. v. Rolf Tiedemann / Hermann Schweppenhäuser. Frankfurt am Main: Suhrkamp 1977, S. 539–572, hier S. 556.

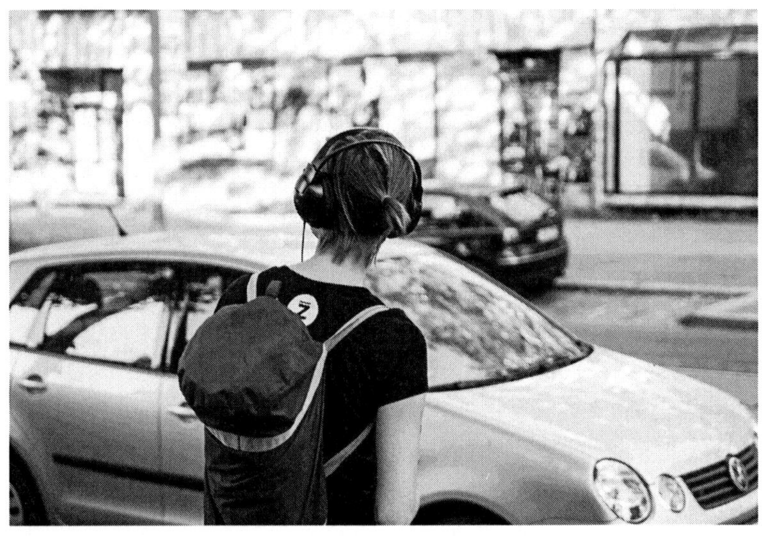

Abb. 3: *Ghost Tracks: Karl-Heine-Straße*, 2013.

Komfortprodukten dominiert. Um in dieser Mischung sichtbar zu machen, was verdrängt, vergessen ist, bedarf es einer Andersbeleuchtung des Allgegenwärtigen, die eine Umwendung des Blicks ermöglicht: *Das, was ist, ist nicht alles.*[6]

Durchschreitet man den Raum, erscheint die Ansammlung der Klangmaterialien zunächst als Flickenteppich: Berichte über Schauplätze von Zwangsarbeit wie in der „Sack'schen Knochenmühle" des Unternehmers Rudolf Sack etwa stehen neben Stimmen von AnwohnerInnen zum gegenwärtigen Wandel im Viertel. Der englische Stadtforscher Stephen Graham[7] berichtet über die zunehmende Militarisierung des urbanen Raums und die dauerhafte Erprobung von Sicherheitsapparaten; die Kulturwissenschaftlerin und Kunsthistorikerin Britt Schlehahn erläutert historische Fakten zu Orten entlang der Karl-Heine-Straße wie etwa der Gestapo-Villa; einzelne AnwohnerInnen führen die ZuhörerInnen durch ihre im Viertel gelegene

6 Vgl. Theodor W. Adorno: *Negative Dialektik. Gesammelte Schriften*, Bd. 6, hrsg. v. Rolf Tiedemann. Frankfurt am Main: Suhrkamp 1973, S. 391.

7 Vgl. Stephen Graham: *Cities under Siege. The New Military Urbanism*. London / New York: Verso 2011.

Privatwohnung; Peter Mörtenböck[8], Professor für Visuelle Kultur in Wien, analysiert politisches Handeln im öffentlichen Raum anhand von dessen Symbolgehalt und die Besetzung von Plätzen wie etwa bei der *Occupy*-Bewegung und Rikola-Gunnar Lüttgenau von der Stiftung Gedenkstätte Buchenwald berichtet von Zwangsarbeit während der NS-Zeit als Form eines „vergesellschaftlichten Verbrechens", an dem die Mehrheit der Bevölkerung beteiligt war.

Dies sind die Anzeichen der militärisch-ökonomisch-politischen Auseinandersetzungen, die, so bedeuten uns friendly fire, Stadt als Schlachtfeld konstituieren. Wohl vermag das Recherchematerial dabei den Teilnehmenden oftmals unbekannte Informationen aufzubereiten – etwa wenn Roger Behrens in historischen Exkursen dem Modernitäts- und Emanzipationsversprechen, das Stadt immer bedeutete, die immanenten Schattenseiten kontrastierend gegenüberstellt, oder wenn der Historiker Benjamin Steiner mit Blick auf den Aspekt der Stadtplanung die „moderne" Stadt im Sinne einer angestrebten organischen Struktur und einer Orientierung am Nationalgedanken der „postmodernen" Stadt gegenüberstellt, die ein Nebeneinander von Vierteln und kleinteilige Gemeinschaften auszeichnet. Doch die aufbereiteten historischen Materialien, die Expertise der InterviewpartnerInnen und die atmosphärischen Stadtansichten bedürfen einer *Fiktionalisierung* als Gegenkraft.

Die dramaturgische Grundüberlegung, die sich in den *Rahmen* benannten Titeln des Audiowalks niederschlägt, zeichnet *Ghost Tracks* in besonderer Weise aus: Zum Recherche- und Interviewmaterial treten hier poetische und kommentierende Fragmente, die nicht literarische Zitate als Eigenwert aufbieten, sondern potenziell auch eine Fiktionalisierung des dokumentarischen und diskursiven Materials vollziehen. Sie ermöglichen es, dass der (An-)Schein des rein Dokumentarischen ästhetisch gebrochen wird und sich in der Imagination der TeilnehmerInnen ein Assoziationsraum eröffnet, in dem Zeiten und Räume neue Konstellationen bilden können. An surrealistische Verfahren erinnernd vermischt sich hier das vermeintlich rein Faktische mit dem vermeintlich nur Fiktionalen. Die „homogene und leere

8 Vgl. Peter Mörtenböck / Helge Mooshammer: *Occupy. Räume des Protests.* Bielefeld: Transcript 2012.

Zeit"[9] der Gegenwart wird durch das Arrangieren von Bruchstücken, die aus dem „Kontinuum der Geschichte"[10] herausgesprengt wurden, als eine wenn auch machtvolle, aber doch bewegliche, brüchige und damit veränderbare Konstruktion erfahrbar. Das Vergangene – *Geschichte*, der man unlängst ihr (schlechtes) „Ende" attestierte – ist hier nicht, wie es bei Benjamin heißt, die „Hure ‚Es war einmal' im Bordell des Historismus"[11], sondern die mit der Gegenwart in intimer Verbindung stehende, potenzielle Gegenkraft.

Blickt man am östlichen Ende der Karl-Heine-Straße, in der Nähe des Felsenkellers, in Richtung der Innenstadt, beginnt ein Track über den Kapp-Putsch gegen die Weimarer Republik im März 1920. Erzählt wird davon, wie Putschisten die Innenstadt besetzten und im Felsenkeller Leipziger ArbeiterInnen beschlossen, den Generalstreik auszurufen. Als sich später erste Demonstrationen formierten, schossen Kapp-Putschisten in die Menge der ArbeiterInnen, was zu einer Vielzahl von Toten und Verletzten führte. Daraufhin bewaffneten sich auch die ArbeiterInnen und versperrten den Weg zur Innenstadt. Der Track endet mit dem Satz: „Unsichtbare Barrikaden versperren noch heute den Blick ins Zentrum, noch immer tagt die ArbeiterInnenversammlung im Felsenkeller."
Wenige Meter weiter, an der Kreuzung von Zschocherscher und Karl-Heine-Straße, folgt eine kurze Geschichte aus der Zeit des Zweiten Weltkriegs. Als am 18. April 1945 die zweite Amerikanische Infanteriedivision nach Lindenau vorrückte, fuhr eine Panzerkolonne durch eine von weißen Fahnen behangene Häuserreihe in Richtung Felsenkeller. Zwei Hitlerjungen eröffneten aus einem Eckhaus das Feuer auf die vorrückenden Panzer, einer der Panzer wurde durch eine eingeschlagene Panzerfaust zerstört. „Einer der gefassten Hitlerjungen wird auf der Stelle erschossen, sein Leichnam zur Abschreckung an den Panzer gebunden." Daraufhin bricht die Erzählung abrupt ab. Vor einer unheimlichen Geräuschkulisse werden anschließend die Worte Klytämnestras nach der Ermordung ihres Mannes in der Tragödie *Agamemnons Tod* von Gerhart Hauptmann zitiert:

9 Walter Benjamin: Über den Begriff der Geschichte. In: Ders.: *Gesammelte Schriften*, Bd. I.2, hrsg. v. Rolf Tiedemann / Hermann Schweppenhäuser. Frankfurt am Main: Suhrkamp 1974, S. 691–704, hier S. 701.

10 Ebd.

11 Ebd., S. 702.

> Du siehst blutüberströmtes Fleisch, sonst nichts.
> Der eben noch ein Mensch war, ist nicht mehr:
> du siehst nur ekles, bleiches, blutiges Fleisch.
> Hilf mir! Es würgt mich! Meine Eingeweide
> erbrechen sich herauf durch meinen Hals.[12]

Ein paar Schritte weiter und nach Tracks, die die Ökonomie des städtischen Raums thematisieren, befinden wir uns wieder in der Gegenwart des Stadtteils und begleiten den gebürtigen Amerikaner Raymond bei einer imaginären Tour durch die Zimmer seiner Wohnung. Bei diesem Rundgang beschreibt er vorrangig die Einrichtung seiner Wohnung. Mit jedem einzelnen Gegenstand verbindet sich die Erinnerung an einen konkreten Ort. Das Besondere: Kein Teil des Mobiliars wurde jemals auf normalem Wege erworben. Aus leer stehenden Abrisshäusern oder geschlossenen Fabrikstandorten etwa stammen diese besonderen Fundstücke, zu denen weggeworfene Tische, Lampen oder Kommoden zählen.

Ein solches ästhetisches Verfahren steht im Gegensatz zu vorrangig dokumentarischen Audiowalks wie etwa den ‚Stasi-Hörspielen' der Gruppe Rimini Protokoll, *50 Aktenkilometer* (Berlin, 2011) und *Radioortung* (Dresden, 2013), bei denen Unmengen an dokumentarischem Material ohne Akt der Formgebung leer zu laufen drohen. Damit umreißt *Ghost Tracks* das Potenzial einer künstlerischen Nutzung dieser Technologie, sofern sie sich nicht nur in die Logik des Events und der Stadtaufwertung im Genre ‚ortsspezifische Projekte' einreihen will. Denn letztlich ist zu beobachten, dass auf diesem Feld gegenwärtig zunehmend austauschbare Formate entstehen, die sich auf eine Vielzahl verschiedener Städte gleich gut (oder gleich schlecht) anwenden lassen und mehr im Sinne einer Stadtführung funktionieren, als dass sie sich vom Spezifischen eines Orts zu einer originären ästhetischen Form inspirieren lassen.

In *Ghost Tracks* wird eine irreduzible Vielzahl von Gespenstern – nicht etwa *ein bestimmtes* Gespenst – als offensive Gegenkraft zur zeitlosen Gegenwart beschworen, denn „mit der Vertreibung der Gespenster endet die städtische Demokratie", wie es in einem Rahmentext heißt. Gibt es keine Gespenster, keine Spuren eines Anderen mehr, droht die schlechte Unendlichkeit des Jetzt. „Der Krieg der Städte löscht

12 Gerhart Hauptmann: Die Atriden-Tetralogie. In: Ders.: *Sämtliche Werke*, Bd. 3, hrsg. v. Hans-Egon Hass. Berlin: Propyläen 1996, S. 839–1090, hier S. 980.

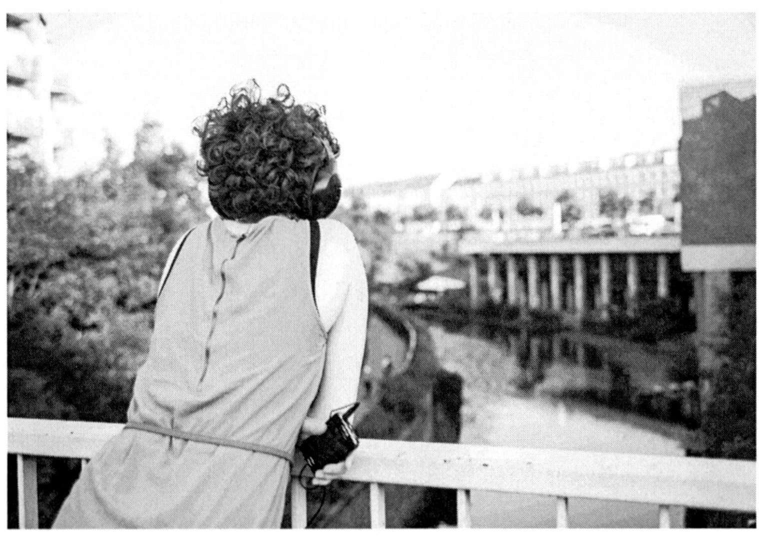

Abb. 4: *Ghost Tracks: Karl-Heine-Straße*, 2013.

diese Spuren. Sein Motto lautet: Eine Gegenwart gegen alle anderen Gegenwarten, eine Zeit gegen alle anderen Zeiten, ein Raum gegen alle anderen Räume."

In der Affirmation von Gespenstern erscheint in *Ghost Tracks* die Figur der ‚Schlafleute' als deren schmutziges Geheimnis. Schlafleute, das waren junge Männer und Frauen, die sich, da sie keine eigene Unterkunft besaßen, für wenige Stunden in fremde Betten einmieteten, um so zwischen der Arbeit in den Fabriken einen Schlafplatz zu haben. Diese Angehörigen des ‚Lumpenproletariats' und des ‚Pöbels' hatten den Status von Geduldeten, sie galten als Asoziale und Infektionsherd, als Verbreiter von Krankheiten. Ihr virtuelles Wandern in der städtischen Textur, das unser Gehen in *Ghost Tracks* begleitet und heimsucht, ist den „Wanderungen der Toten im Erdinnern"[13] vergleichbar, das Heiner Müller als einen Untergrund von Geschichte in seinen Text *Bildbeschreibung* einfügt.

„Eine Stadt ist der Raum oder der Ort, wo Bewohner sich in der Weise äußern können, wie sie wollen, und leben können, wie sie leben wollen." So beschreibt der Historiker Benjamin Steiner das Idealbild

13 Heiner Müller: Bildbeschreibung. In: Ders.: *Heiner Müller Material. Texte und Kommentare*, hrsg. v. Frank Hörnigk. Leipzig: Reclam 1989, S. 8–14, hier S. 12.

von Stadt in einem anderen Track, das als ein historischer Motor fungiere. Mit den Schlafleuten und den Verschleppten begegnen wir dem Kippbild dieses Ideals, der untergründigen Signatur des Städtischen und der Kehrseite jeglicher positiver Vorstellung von dem, was Stadt bedeuten kann. Als Inbegriff von Ausgrenzung, Verwerfung und Verdrängung wird durch sie deutlich, auf welchem *Ab-Grund* jegliche Fortschrittlichkeit der Städte baute. Schlafleute zeigen die bürgerliche Gesellschaft als „Krieg, der sie ist". Doch ist etwas wie eine *Nicht-Stadt*, eine Utopie des Jenseits ihrer Gewaltförmigkeit, keine Option, vielmehr würde dadurch nur die Perpetuierung ihrer negativen Aspekte drohen. Nach der „Verstädterung der Gesellschaft" kommt es, wie Roger Behrens formuliert, vielmehr auf eine „Vergesellschaftung der Städte" an.

Heute sind Asylsuchende, Refugees, Flüchtlinge die inoffiziellen Nachfolger der Schlafleute. Folgen wir Stephen Graham, sind wir gegenwärtig mit der Tatsache konfrontiert, dass politische, ökonomische und soziale Eliten, die Definition des „Gefährlichen" permanent ausweiten. Der Feind, gegen den etwa die mittelalterliche Stadt ihre Wehranlagen und Festungen errichtete, hält sich heute immer schon potenziell, als Unsichtbarer, *innerhalb* der Stadt auf. Auch diese Bedrohungsszenarien operieren mit dem Glauben an Gespenster – wenn dieser auch von anderer Art ist, insofern er in der Identifizierung und Ausschließung von konkreten Stimmen und konkreten Körpern sein Ritual findet. Die aus diesen Szenarien hervorgehenden technischen und sozialen Apparaturen arbeiten an der Entfaltung einer totalitären Sichtbarkeit. Ihr Movens ist die Vertreibung von Gespenstern durch eine omnipräsente Transparenz, die Erzeugung einer Sichtbarkeit, die an ihrem höchsten Punkt ins Gespenstische zurück- oder umzuschlagen droht.

Dass Städte auf Basis dieser *gespenstischen* Situation und der verschobenen Feind-Perspektive heute massiv umstrukturiert werden, vervielfältigt und kompliziert die internen Teilungsmechanismen, die Apparaturen von Einschließung und Ausschließung, in unseren Städten. Wie Graham eindrücklich erläutert, bedeutet dieser *military urbanism*, dass zukünftig erwartetes Handeln bzw. auf Basis von generierten Datenmengen kalkuliertes Handeln zu manifesten Einschränkungen im Heute führt. Demgegenüber stellen friendly fire die Frage,

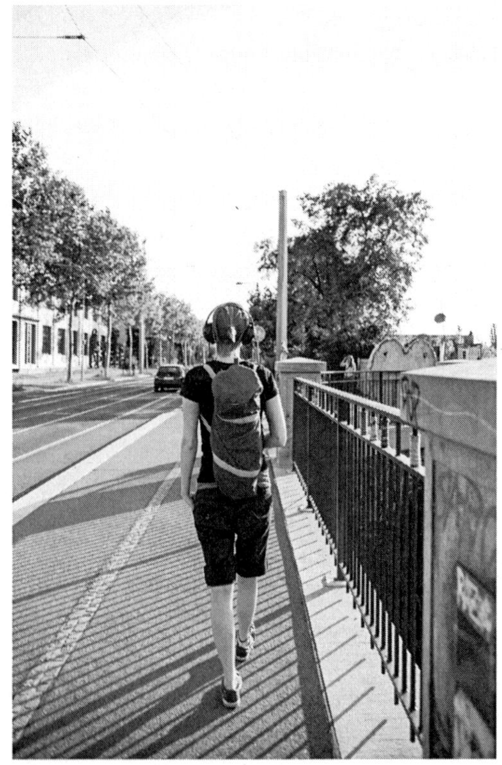

Abb. 5: *Ghost Tracks: Karl-Heine-Straße*, 2013.

was eine „Demokratie der Gespenster", eine Stadt der Vielen, sein könnte: „Sollen einfach nur die Orte der Macht besetzt werden oder müssen diese Orte und die Verknüpfungen selbst ihren Charakter ändern?" Ein noch ausstehender Prozess der „Vergesellschaftung der Städte" hätte sich demnach auch mit der Frage zu konfrontieren, wie die Beziehung zu der Vielzahl der Gespenster, die „niemals ein Vergangenes, Überholtes oder Überschrittenes"[14] darstellen, die Gegenwart vielmehr unvermeidbar begleiten und heimsuchen, auf andere Art und Weise – das meint auch: wie die „kaum wahrnehmbare Suspension"[15], die sie (ver)bergen – zu entfalten wäre.

14 Jacques Derrida: *Gesetzeskraft. Der „mystische Grund der Autorität"*. Frankfurt am Main: Suhrkamp 1991, S. 50.
15 Ebd., S. 51.

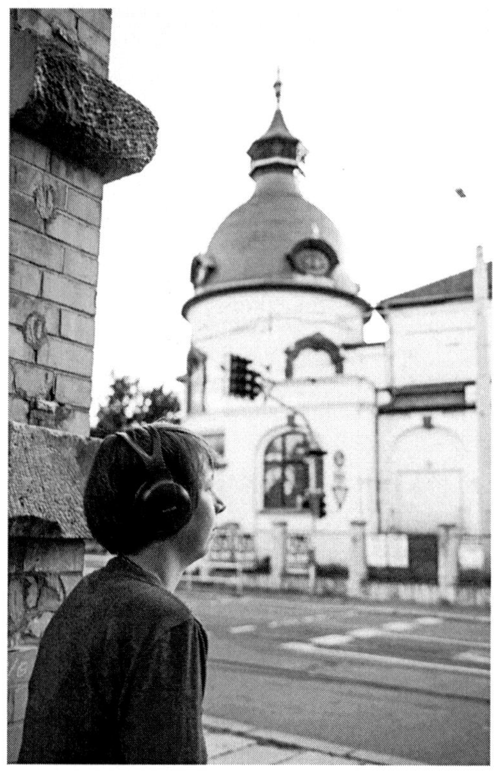

Abb. 6: *Ghost Tracks: Karl-Heine-Straße*, 2013.

Was ist eigentlich eine Stadt? Antwort: Ein Gespenst. Eine Stadt, das ist eine Fabrik zur Produktion von Gespenstern. Zwischen nie vollendeten Plänen und sich widerstreitenden Nutzungen, nicht beendeten Visionen und halb erzählten Geschichten, entsteht die Stadt als Collage von Räumen und Zeiten. Sie stapelt und schichtet, überlagert und mischt das Rohmaterial unserer Träume und Alpträume, unserer Rhythmen und Handlungen.

Und so, wie sie niemals etwas fertig stellt, so begräbt sie auch nichts und niemanden richtig. Vielleicht liegt darin ihr demokratisches Moment. Fabriken zur Produktion von Gespenstern nennen wir Städte. Mit der Vertreibung der Gespenster endet die städtische Demokratie. Aber hat es sie je gegeben? Wäre sie nicht erst noch zu entwickeln, zwischen den noch nicht sichtbaren Zeichen und den nicht mehr hörbaren Stimmen. Wie könnte eine Demokratie der Gespenster aussehen? Und was lehren die Gespenster über die Demokratie?

„… eine Verhandlung über die Akustik der Städte…“

Fragen an LIGNA

Performatives Hörspiel, Radioballet, Übung – eure Arbeiten verorten sich immer wieder zwischen Performance und Theater einerseits, Hörspiel und Radio andererseits. Wo setzt euer Interesse an diesen Schnittstellen an? Woher kommt es?

Torsten Michaelsen: Der Einsatz des Interesses war das Radio und die Arbeit im Radio. Unser Hintergrund ist der des freien Radios in Hamburg, im Freien Senderkombinat. Und tatsächlich haben wir unsere Arbeit von Anbeginn an als praktische Kritik an der Radioarbeit in diesem selbst organisierten Rahmen dort verstanden – insbesondere an der Verleugnung oder Nichtbeachtung der Rezeptionssituation als einer produktiven Situation. Daher kommt der Ansatz des performativen Hörspiels, das die Rezeptionssituation als eine fasst, in der immer etwas Spezifisches passiert und in der nicht eine reine Hörsituation vorliegt. Freie RadiomacherInnen im freien Radio stellen sich zumeist vor, dass die HörerInnen allein mit dem Wort der Sendenden sind und ganz genau zuhören. Aber man hat ja im öffentlichen Raum immer eine schmutzige Rezeptionssituation, wie Hans Magnus Enzensberger sie im *Baukasten zu einer Theorie der Medien* beschreibt,[1] und diese haben wir versucht als politische Situation zu begreifen.

Ole Frahm: Entscheidend ist, dass uns da keine saubere Trennung interessiert, sondern tatsächlich das ‚Schmutzige‘ der Empfangssituation. Es geht uns darum, die Unkontrollierbarkeit einer Situation in der Ästhetik zentral zu machen und damit eine Produktionssituation herzustellen, die nicht nur in unserer Hand ist. In der bürgerlichen Kunst ist die Rezeptionssituation gemeinhin dann so angelegt, dass der Geist des Rezipienten aktiviert wird, damit er das Werk versteht. Dem geht jedoch eine andere Produktion voraus, nämlich die eines Verhältnisses zum Werk. Doch das ist bei unseren Arbeiten

1 „Die elektronischen Medien räumen mit jeder Reinheit auf, sie sind prinzipiell ‚schmutzig‘“ (Hans Magnus Enzensberger: Baukasten zu einer Theorie der Medien. In: Günter Helmes / Werner Köster (Hrsg.): *Texte zur Medientheorie.* Stuttgart: Reclam 2002, S. 254–274, hier S. 258).

schwieriger, da das bei uns von den ZuhörerInnen produziert wird – oder auch nicht produziert wird. Entsprechend gibt es eine Untrennbarkeit, eine andere Ebene von Reflexion, die wir hoffen durch unsere Arbeit als ein Produktionsverhältnis freizulegen.

Worin besteht oder bestand für euch das Interesse, die Fragen des urbanen Raums mit denen des Theaters und des Radios zu verbinden?

Ole Frahm: Das war und ist vor allem ein politisches Interesse. Es gibt eine Form von Veränderung von Räumen, die ja tatsächlich hin zu einer größeren Homogenisierung geht und das Leben in der Stadt unlebbarer macht. Das ist das Erste und das Zweite ist, dass einer der Orte, der uns interessiert, der Hauptumschlagsplatz für Warentausch ist, also meistens Innenstädte oder Shoppingmalls. Weil die Shoppingmalls sich zu einen zentralen Ort für die Ideologie unserer Gesellschaft ausgebildet haben. Und wir möchten dorthin gehen, um da eine andere Perspektive vorzuschlagen und nicht nur vorzuschlagen, sondern auch umzusetzen – und in der Umsetzung auch eine konkrete Form von anderem Raum zu ermöglichen.

Torsten Michaelsen: Man kann auch sagen, dass der spezifische Einsatz künstlerischer Mittel – wir haben es zunächst nicht als Theater verstanden, was wir da machen – auch eine Kritik an politischen Interventionen an diesen Orten beinhaltete. Wir haben uns, wie eben schon erwähnt, als praktische und positive Kritik der Praxis der anderen Leute im freien Radio begriffen. Wir empfanden, dass ihr Medienverständnis zu vereinfacht ist und dadurch auch bestimmte Möglichkeiten des Mediums gar nicht genutzt werden, sondern das Medium einfach so genutzt wird, wie man das von woanders her auch kennt, nur schlechter, weil man nicht so gut produzieren kann wie Deutschlandradio oder Deutschlandfunk. Wir fanden es wichtig, herkömmliche politische Formen und politische Mediennutzung an den spezifischen Orten noch mal zu hinterfragen. Es gab zum Beispiel an dem Bahnhof, der im Zentrum einer unserer ersten Arbeiten stand, Interventionen, die durch Überaffirmation versucht hatten, bestimmte Kontrollpraktiken aufzuzeigen und an das Bewusstsein der Leute zu appellieren – um dadurch eine Rebellion gegen diesen Ort hervorzurufen. Das hat einerseits ganz gut funktioniert, aber andererseits als lustige Aktion den politischen Mehrwert nicht gebracht.

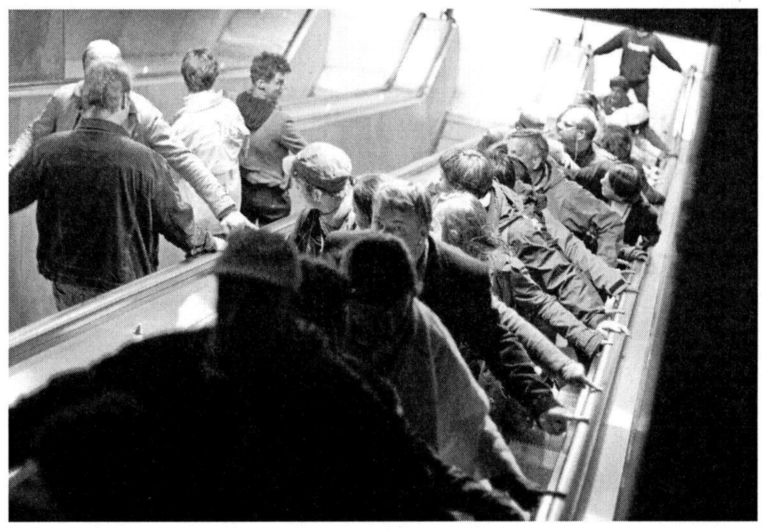

Abb. 1: *Wessen Stadt ist die Stadt? Ein Aufstand.*

Und deshalb wollten wir zu anderen politischen Formen finden und den Umweg einer künstlerischen Praxis nehmen, um zu einer neuen Wirksamkeit an diesen kontrollierten Orten zu kommen. Es zeigte sich dann dazu, dass die Shoppingmall und der Bahnhof auch sonst Orte sind, an denen ein kritisches Hinterfragen ihrer Verfasstheit einfach nicht mehr möglich ist. Am Bahnhof würde man mit relativ großer Polizeipräsenz herausgedrängt werden, in der Shoppingmall wäre das ähnlich. Diese Orte sind inzwischen als Sonderzonen komplett etabliert und d. h., man muss selbst nach Umwegen oder umwegigen Formen suchen.

Wie geht ihr in euren Arbeiten mit den unterschiedlichen Geschichten und Schichten von Orten um? Welche Rolle spielt das Hören dabei?

Ole Frahm: Das Interessante an Bahnhöfen und den Malls ist ja, dass es Räume sind, die ihre Geschichte vergessen machen, auch wenn sie natürlich eine Geschichtlichkeit in der Weise haben, dass die Form der Shoppingmall auf die Passage zurückgeht, die in der Französischen Revolution und im 19. Jahrhundert eine bestimmte Rolle spielt, welche Walter Benjamin interpretiert hat. Das ist eine Tradition der modernen Gesellschaft oder des modernen Stadtraums, die für uns immer sehr wichtig ist, da wir aus dieser Tradition heraus argumentieren und versuchen, diese ein Stück weit hörbar zu machen. Gerade die Nichtsichtbarkeit der Historizität dieser Orte wird im Hören nicht vergegenwärtigt, sondern bleibt abwesend, aber materialisiert sich auf eine seltsame Art. Eine Arbeit, die wir 2004 als Eröffnung einer Reihe von Performances realisierten, die sich *Volkspalast* nannte und von Amelie Deufelhard kuratiert wurde, fand im Palast der Republik statt, als er noch stand. Das war eine sehr konkrete Erinnerungsarbeit, in der es um die Eröffnung des Palastes der Republik im Jahr 1976 ging. Wir haben aus verschiedenen Radiosendungen und Eröffnungsreden eine Montage gebaut, die jedoch gleichzeitig immer unterbrochen wurde und den Text, die historischen Tonstücke, zerschlagen und teilweise den Sinn der jeweiligen O-Töne verschoben hat. Der Palast der Republik war damals so ein Betongerippe und ein asbestsanierter Raum, in dem das Pathos der erstmaligen Eröffnung mit Sätzen wie „dein Werk ist nun vollendet" oder „ein Werk des Friedens" zu hören waren. Und bei all dem Parteipathos gab es dann schon Momente, die sehr rührend waren, nämlich den Glauben, dass man mit dieser DDR-Gesellschaft eine friedlichere Welt schafft und tatsächlich zum besseren Leben der Menschen beiträgt. Der Volkspalast war ein multifunktionales Gebäude, ein Parlamentssaal mit Bowlingbahn im Keller und ein sozialer Ort für Jugendliche. All das musste abgerissen werden – wir haben stattdessen in Anspielung auf Horst Hoheisels Denkmalentwurf für die Vernichtung der europäischen Juden vorgeschlagen, das Brandenburger Tor zu schleifen. Das war unsere erste Arbeit, die sich auf ein historisches Ereignis bezog, doch wir versuchen immer, wie auch bei den *Wilden Streiks*, fröhlich in den Zeiten zu springen. Das Stück über wilde Streiks geht von Willi Bredels Roman aus, der auf einem wahren Ereignis basiert. Diese Romanversion haben wir mit anderen Streiks und der *Odyssee* gegengeschnitten und in eine Raumsituation gebracht, die etwas über die Streiks erzählt und einen Raum erkundet, der sich dann fast wie ein mythischer Weg schildert. Eine Parkgarage war so etwas wie der Hades, in der sich die Leute vereinzelt haben, und als sich alle zum Ausgang bewegten, hatte es den Zug einer Demo – was narrativ passte.

Torsten Michaelsen: Es geht einerseits um das Hörbarmachen unsichtbarer Geschichte und andererseits um das Sichtbarmachen

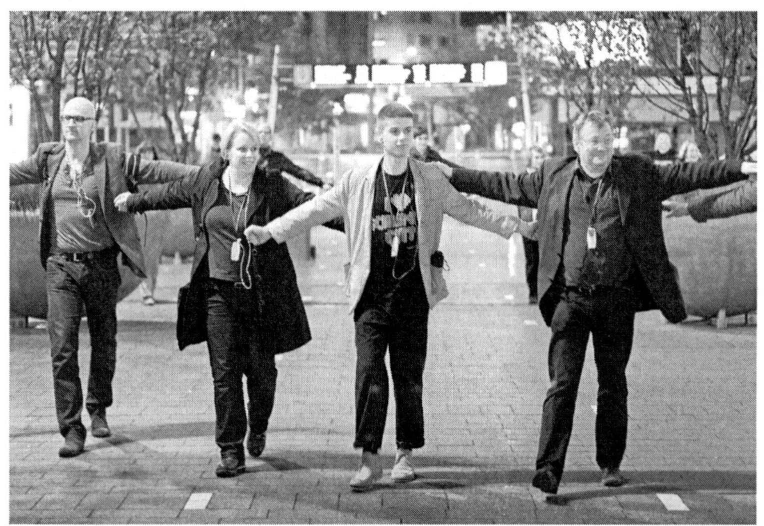

Abb. 2: *Wessen Stadt ist die Stadt? Ein Aufstand.*

der Elemente der Regulation des Ortes, der Gesetze und Regeln, denen er unterliegt und die sich nur in einem bestimmten Verhalten manifestieren. Wir machen das sichtbar, indem verbotene und ausgeschlossene Gesten mechanisch aufgeführt werden oder indem Alltagsverhalten, was leicht abweicht, ausgeführt wird. Immer mit dem Hinweis, dass es der Intervention eines anderen Apparates wie dem Radio und einer performativen Hörsituation bedarf, um eine Herausforderung des Machtapparates, der die ganze Zeit am Werk ist, vorzunehmen. Es erscheint etwas, aber mit einer gewissen Geisterhaftigkeit, weil es mechanisch bleibt und das Verbot dessen, was dort sichtbar ist, mitthematisiert und mitzeigt. Es wird etwas gezeigt und es wird auch gleichzeitig die Unmöglichkeit des Gezeigten mitgezeigt.

Kommen wir auf zwei weitere Produktionen zu sprechen: Walking the City *und* Wessen Stadt ist die Stadt? Ein Aufstand*: Beide Produktionen gehen auf spezifische Weise mit dem Stadtraum um und beide greifen die Frage des Kollektiven auf. Was wird da hörbar?*

Ole Frahm: *Wessen Stadt ist die Stadt? Ein Aufstand* handelt von einem vergessenen Aufstand, der 1920 in Mülheim stattfand. Die Leute kommen eher spontan und zufällig in die Situation, das Rathaus von

Mülheim stürmen zu wollen. Das Rathaus wird von innen verbarrikadiert und sie sind plötzlich in der Lage, zwei Tage die Macht zu übernehmen, da das Rathaus zu ist und die Polizei den im Rathaus Eingeschlossenen auch nicht zu Hilfe kommt. Die Leute, das sind 17- bis 22-Jährige, Anarchisten und Arbeitslose, die nichts mit der Macht anzufangen wissen. Die Anführer dieses Aufstandes wurden von deutschen Polizisten massakriert, die es da auch noch gab, und die Franzosen (die damals das Ruhrgebiet besetzt hatten) haben dies in ihren Quellen auch als Massaker benannt. Mit Bertolt Brechts *Fatzer*-Text arbeitend, der ja in Mülheim lokalisiert ist, und mit einem Umweg sowie mit einer Brechung über diesen Text wird die Frage gestellt: Wie organisiert man sich eigentlich? Wie funktioniert das? Es gibt Szenen, in denen gibt es eine Art von Gemeinsamkeit, aber es gibt auch eine Szene, in der man bei sich, mit einem Stein, und bei der Frage ist, welche Form von Gewalt wäre es eigentlich, diesen zu werfen. Wir versuchen einen Erfahrungsraum zu öffnen, der nicht so eindeutig ist. Das Gefühl, das man am Ende des Stücks mitteilen will, ist erstmal eine Notwendigkeit von Trauerarbeit, um den Toten zu gedenken, die – bevor der Ringlokschuppen Mülheim diese Geschichte ausgegraben hat – nicht bedacht wurden und aus allen Rastern der offiziellen Geschichte rausgefallen sind. Es wird gerade bei Lokalgeschichte sehr konkret, man weiß, wie sie umgebracht wurden.

Torsten Michaelsen: Und es gibt eine Wahrnehmung eines Kollektivs bei den Leuten, die mitmachen – eine Selbstwahrnehmung als Kollektiv. Die schwankt auch ein bisschen und das ist, was vielleicht unsere Stücke auszeichnet. Es gibt eine Art von Verkörperung, aber auch eine distanzierte Wahrnehmung dessen, was man da verkörpert. Man erfährt sich als ein Kollektiv, das eine gewisse Erinnerungsarbeit leistet, aber das auch zuschaut, wie ein Kollektiv diese Erinnerungsarbeit leistet.

Ole Frahm: Es gibt eine Abstimmungsszene, wo es darum geht, wie man jetzt weiter verfahren soll. Das hat für den Verlauf des Stückes keine Konsequenz, aber es steht jeder in einem Kreis und es ist klar, dass jeder seine politische Position zum historischen Stoff zu erkennen geben kann. Das ist sehr spielerisch, denn eine Option wäre es, das Waffengeschäft zu plündern. Das sind Momente, die dazu

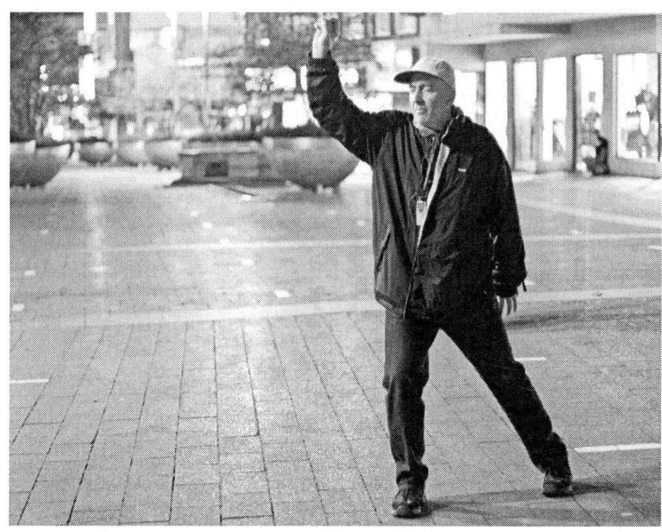

Abb. 3: *Wessen Stadt ist die Stadt? Ein Aufstand.*

beitragen, dass man sich als Gruppe fühlt, aber in der Distanz funktionieren. In *Walking the City* nehmen wir keinen konkreten Stadtraum als Anlass und wir beschäftigen uns da auch weniger mit den Regeln des konkreten Stadtraums, das passiert eher indirekt und entfernt, sondern wir beschäftigen uns viel stärker mit der politischen Bedeutung des Gehens als Geste. Unsere These, die man für Europa geltend machen könnte, für manche Länder weniger stark, für andere Länder wie Frankreich und Deutschland aber sehr stark, ist: Gehen ist eine Praxis, in der sich die bürgerliche Klasse als autonome Klasse wiedererkennt, die auf ihren eigenen Beinen gehen kann, und eben nicht wie der Adel noch getragen werden muss …

Torsten Michaelsen: … oder getanzt hat.

Ole Frahm: Gehen ist eine Praxis, in der sich in jeder Geste Fortschritt erzählt: zum Beispiel in der Promenade oder in Gestalt des Wandersmanns, der bei Rousseau eine Rolle spielt. Und das versuchen wir in dieser Mechanik des Gehens zu erzählen. Zugleich gibt es auch die Tradition des Flaneurs, das Verirren in der Stadt, das Allein-in-der-Stadt-Gehen, der Situationistischen Internationale, die mit einem revolutionären Werkzeug die Städte plötzlich anders imaginieren kann. Wir sind da aber skeptisch. Das Stück schließt da zwar an, aber es hat nicht mehr diese Emphase – die Praxis der SI ist ja immerhin auch schon über 60 Jahre alt. Es stellt sich eigentlich die Frage, welche andere, vielleicht proletarische Geste, man entwickeln könnte oder müsste? Das Stück bleibt eher bei einem an James Joyce's *Ulysses* orientierten *stream of consciousness*. Man geht durch die Stadt und zerstreut sich. Die Zerstreuung fand ich auch in Mülheim interessant, weil man immer wieder mal jemandem begegnet, aber eher sehr verschworen und unterschwellig. Aber es gibt Menschen, die das Performative nicht an sich ranlassen, wenn sie allein im Stadtraum unterwegs sind. In Poitiers gab es einen Moment auf dem Hauptplatz, wo es eine wahnsinnige Verlangsamung gibt, ein toller Moment, weil das auch in einer Verteilung geschah, die man sonst dort nicht sieht – eine unglaubliche Verlangsamung im Stadtraum wurde da erzeugt.

Du sprachst eben schon von Verkörperung: Welche Rolle spielt eigentlich die Stimme bei euch? Diese Stimme ohne Körper, der die PerformerInnen/TeilnehmerInnen ja zur Aufführung ihre Aufmerksamkeit und Körper leihen?

Torsten Michaelsen: Am Anfang ging unsere Reflexion über das Radio auch sehr stark von der Frage der Stimme aus. Und der Punkt, auf den wir das gebracht hatten, ist eigentlich, dass alle Stimmen im Radio Totenstimmen sind, was einherging mit einer Interpretation der Praxis der Tonbandstimmenforschung, in der Leute über Radio und Tape-Recorder mit Verstorbenen kommunizieren. Unserer Meinung nach kann man das als Paradigma der Stimme im Radio generell verstehen, weil sie eben abgezogen ist von der Situation des Sprechens und vom Körper des Sprechenden und damit auch unkontrollierbar wird. Diese Unkontrollierbarkeit kann man einerseits, wenn man will, als einen Mangel begreifen und ist natürlich auch das, was viele Leute, die Erfahrung mit dem Radio haben, als problematisch verstehen, weil sie eben nicht wissen, was die Leute zu Hause oder wo auch immer, mit der Stimme, die sie veräußert haben, machen: Hören sie wirklich zu oder hören sie nicht zu? Es gibt schon aus der Frühzeit des Radios, also historisch überliefert, Klagen darüber, dass die Hörgewohnheiten der HörerInnen so sind, dass sie nicht richtig zuhören: Radio verkäme zum Nebenbei-Medium und es werde nicht richtig zugehört. D.h. die zerstreute tote Stimme wird nicht auf die

Art wieder lebendig gemacht, wie das eigentlich die Ausstrahlenden anstrebten. Der Ansatzpunkt unserer Arbeit war es immer, sich zu überlegen, dass es vielleicht kein Mangel dieser spezifischen Situation des Sprechens im Radio ist, dass sie eben keine Kommunikation und kein Feedback ermöglicht, sondern eher eine Stärke, weil die Hörsituation von uns auch unkontrollierbar ist und überall stattfinden kann. Und unsere performativen Arbeiten gehen eigentlich genau von dieser Überlegung aus. Man hat eine unkontrollierbare Zerstreuung des Radios im Raum, die Stimme ist vervielfältigt, aber auch ohne Originalität, sondern an ganz vielen Orten gleichzeitig. Und wenn damit performativ etwas gemacht wird, wuchert die Performance an ganz vielen Orten gleichzeitig. Sie ist damit für die Sprechenden nicht kontrollierbar, wir wissen nicht, ob die Leute uns folgen oder nicht, aber sie ist auch für andere Organe und Institutionen unkontrollierbar, d. h. man hat ein Werkzeug entwickelt für die Unterwanderung von kontrollierten Orten. Insofern ist die Verkörperung eine, die nur bis zu einem ganz bestimmten Punkt planbar ist und sich dann – darin liegt ihre Stärke – den Ausstrahlenden auch entzieht. Was wir da machen ist kein Anleiten oder Anweisungen geben für das Theaterspielen, sondern für ein gestisches Experiment, das wie auch immer aussehen kann.

Welche Bedeutung kommt den Sounds und Klängen eines Ortes, an dem ihr arbeitet, für euch zu? Wie geht ihr damit künstlerisch um? Wird da vor Ort etwas ergänzt oder überschrieben?

Ole Frahm: Überschrieben, das glaube ich nicht. Tatsächlich haben wir keine Theorie des Klangs von Orten, haben aber in unsrer Arbeit *Verwisch die Spuren!* das erste Mal mit einem Kunstkopf gearbeitet, um quasi eine bestimmte Klangatmosphäre am Ort zu wiederholen – genau mit der Idee, dass die Stimmen zwar eine tote, aber dann doch eine andere Form von Präsenz haben. Wir haben auch vor Ort Aufnahmen gemacht, so dass man denken konnte, es stehe gerade jemand neben einem. Und das war für diese Arbeit sehr wichtig, weil es zum Teil um eine vielschichtige historische Erinnerung ging. Wir haben tatsächlich erstaunlich wenig mit Klangqualitäten von Orten gearbeitet. Ich weiß, dass wir in der Recherche für das Leipziger Radioballet im Bahnhof mit Anne König gesprochen haben, da sie mit einem Blinden gearbeitet hat, der ihr die Veränderungen der Klangqualitäten im Raum beschrieben hat. Er konnte erzählen, wie es noch in der DDR klang und wie der Westen dann allmählich eine andere Soundatmosphäre geschaffen hat, die heute massiv im Bahnhof zu hören ist. Das hat uns damals interessiert, weil wir genau an der Geschichte des Ortes interessiert waren, aber wir haben dann in der Arbeit keine Entsprechung dafür gefunden. Weil wir dafür doch zu sehr vom Radio und von der Stimme herkommen. Uns interessiert die Zerstreuung der Stimme im Raum mehr als eine Klangqualität von Räumen.

Mit den Wörtern, Chören und Sounds der TeilnehmerInnen, zum Beispiel ihrem Klatschen, erscheinen diese auch akustisch im Stadtraum. Und es entsteht etwas Drittes zwischen dem vorgefundenen Raum und dem Gesendeten.

Ole Frahm: Ja. Da intervenieren wir ja auch. Da ist es die Idee, etwas rein zu geben in den Raum, und dafür ist die akustische Qualität nicht unentscheidend. Zum Beispiel: In Mülheim laufen die TeilnehmerInnen durch die Straßen und rufen *Fatzer*-Texte, „Gut so" und „Schlecht so". Das rufen sie auch verteilt in der Stadt, d.h. man sieht sich gegenseitig nicht, wie auch einige Passanten sie nicht sehen, sondern nur das Rufen hören. Das soll so funktionieren, darüber denken wir im Vorfeld auch nach, aber es gibt keine Theorie der Klangqualitäten im Raum. Aber zum Beispiel in der Mall und auch bei allen Arbeiten ist das ein Aspekt, den wir immer mitanalysieren.

Torsten Michaelsen: In der Mall wird die Sicherheit Teil der Atmosphäre, was bedeutet, dass dort ein bestimmter Klang vorherrscht, ein gedämpfter Klang mit einer bestimmten Form von Musik. Der ist dann immer Teil der Stücke, die Leute tragen ja offene Kopfhörer, d.h. sie sind nicht isoliert. Sie hören auch ihre Umgebung, und das würde das auszeichnen, was die schmutzige Hörsituation beschreibt. Vor Ort wird durch diese Hörsituation eine Collage geschaffen – was zur Folge hat, dass unser Stimmeinsatz zunächst verständnisorientiert ist. Man kann für unterschiedliche Hörsituationen anders mit Stimmen arbeiten, so wie es das deutsche Hörspiel in den 90er Jahren mal zur Genüge gemacht hat, also fragmentiert hat, verzerrt hat, usw., mit ganz unterschiedlichen Stimmqualitäten gearbeitet hat. Jedoch wäre es für die Collage, die ohnehin immer passiert, eher schwierig mit

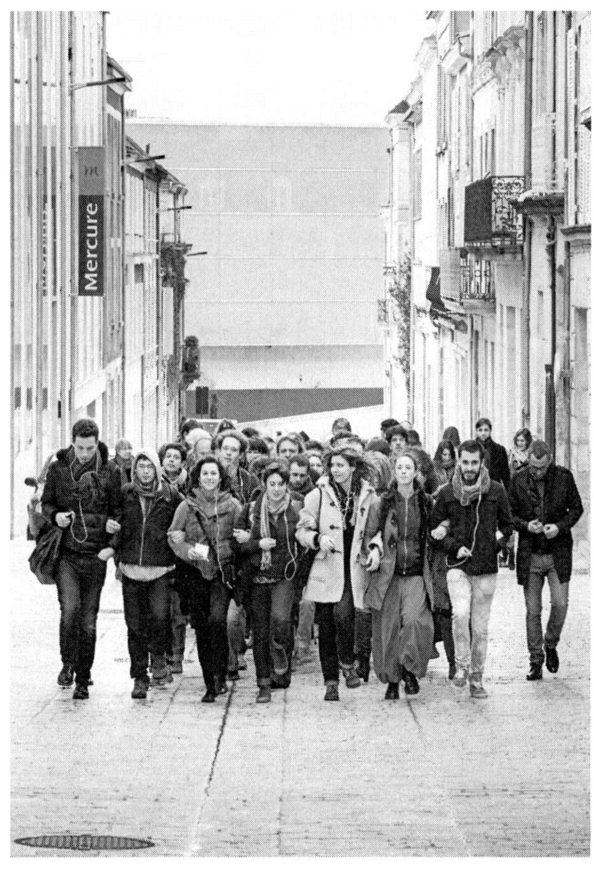

Abb. 4: *Walking The City.*

experimentellen Stimmquellen zu arbeiten. Es gibt jedoch auch einen ganzen Strang unserer Arbeiten, der eine akustische Intervention in urbane Räume darstellt. Wir haben beispielsweise ein relativ einfaches Hörstück gemacht, das ein Monolog für Stimmen ist, der mit Ghettoblastern ausgestrahlt wird. Wo es aber auch um die konkrete Intervention dieser vervielfältigten Stimme geht, die aus ganz vielen Radios gleichzeitig erscheint und eben keinen originalen Sprechort mehr hat.

Ole Frahm: Da war der akustische Charakter der jeweiligen Orte wichtig. Denn die Stimme hat am besten da funktioniert, wo es eine bestimmte Qualität gab. Es war klar, dass es eher eine stille Arbeit ist, die an einer befahrenen Straße nicht funktioniert. Letztes Jahr haben wir ein Stück gemacht, das heißt *The Cry of the Mall – Requiem für einen fordistischen Traum.* Da geht es auch um eine monologische Stimme, aber auch um Geräusche und Artikulationen unterhalb der Sprache, Furzgeräusche, Pfeifen, Husten oder eben zu schreien. Jedoch mussten wir die Arbeit noch mal überarbeiten, nachdem sie drei Tage gelaufen ist. Aufgrund der Schreie und des doch sehr ausgiebigen Furzens. Leute haben sich beschwert.

Torsten Michaelsen: Wir haben noch nie so viel Feedback auf eine Arbeit bekommen wie auf diese, aber das liegt auch daran, dass sie drei Monate jede Nacht in dieser Shoppingmall laufen sollte und insbesondere die BetreiberInnen der Geschäfte in den Wahnsinn getrieben hat.

Ole Frahm: Diese Furzstelle, das war eine halbe Minute. Am Mikrofon mit dem Mund entstanden, doch wenn man das aus den offiziellen Lautsprechern einer Mall hört … Man muss sich das vorstellen: Man kommt in Utrecht mit der Bahn an und geht dann in die Mall rein – und es gab da einen Ort, das war wirklich recht laut. Und das als Begrüßung einer Stadt, das find ich ziemlich komisch. Aber wir haben das dann verkürzt. Das war sehr interessant, dieses affektive Verhalten zum Klang im Raum. Auch dass Menschen fast schon Paranoiaschübe hatten, wo denn diese Stimme herkommt. Es war zwar dann klar, dass es aus den Lautsprechern kam, doch die Stimme, das war ein Typ, der knapp 30 Jahre an der Nadel hing, heroinsüchtig war und in dieser Zeit auch oft in der Mall gewohnt hat. Er kannte diese sehr gut und hat auch Torsten eine Führung gegeben. Seine Stimme ist super und er hat ganz interessant und präzise unsere Texte eingelesen. Das Schreien ist ihm am schwersten gefallen, da er es als Junkie eher gewohnt ist, zu flüstern. Er war ein wahnsinnig guter Flüsterer. Wir fanden die Stimme sehr schmeichelnd.

Aber sie entsprach bestimmt nicht den Hörgewohnheiten.

Ole Frahm: Ja. Respekt muss man der Mall aussprechen, die sich darauf einließ. Allerdings ließen sie es nicht tagsüber laufen, sondern von 18 Uhr bis morgens 9 Uhr. Zudem mussten sie das Ganze in den ersten Nächten einige Male abstellen, da Betrunkene sehr heftig darauf reagiert haben und randalierten. Gut, das waren nun auch nicht unbedingt die Reaktionen, die wir wollen. Andere haben laut geschrien, als sie das Schreien hörten, oder einige Sätze wiederholt nachgesprochen – da gab es etwas Mimetisches, ein fast schon dialogisches Verhältnis.

Torsten Michaelsen: In dieser Arbeit ist uns erst richtig klar geworden, dass es Menschen in bestimmten Situationen gibt, die eine Abgrenzung zu ihrem akustischen Umraum nicht haben. Wenn man durch die Mall läuft und eine komische Stimme hört, denken wir eben: Okay, das ist eine Installation, aber ich schreie nicht gleich selber los. Aber Psychosen äußern sich ja zum Beispiel durch das Hören von Stimmen. Eine interessante Geschichte bei dieser Shoppingmall, die in den 60ern geplant und in den 70ern gebaut wurde, ist das Zerfallen der Gesellschaft zu dieser Zeit, denn in den 60ern ist man noch komplett von einer homogenen Gesellschaft, in der es keine Devianz gibt, ausgegangen und in den 70ern hast du dann die Heroinwelle, mit der sich ein deviantes Leben, das sich irgendwelche Freiräume sucht, anbahnt. Und Mark gehört genau zu dieser Welle und wohnte dort jahrelang, deswegen dachten wir, er ist die Personifikation des Versprechens dieses Ortes, das sich auch gegen diesen Ort selber wendet und ihn anders interpretiert.

Ole Frahm: Es gab aber auch viele Leute, die stehen geblieben sind und zugehört haben. Und man geht zehn Minuten durch die Mall, eine relativ lange Zeit, in der man ihn hören konnte. Es gibt da viele Pendler, die es nett fanden, dass sie von der Stimme täglich begrüßt wurden. Wir mussten übrigens, um die akustische Qualität zu erreichen, die wir wollten, an einigen Stellen einige Lautsprecher zusätzlich einbauen, damit es in diesem Gang noch eine Verdichtung bekommt und Leute wirklich bemerken, dass akustisch etwas anders ist.

Das Gespenstische und das Unheimliche kommen ja nicht nur aus der Vergangenheit, sondern auch aus der Zukunft – wie klingt für euch die Stadt der Zukunft?

Torsten Michaelsen: Eine mögliche sich ausbreitende Klangqualität wäre natürlich die der Atmosphären der Shoppingmalls. Es wird in den Innenstädten nicht gerade weniger davon geben und diese sind

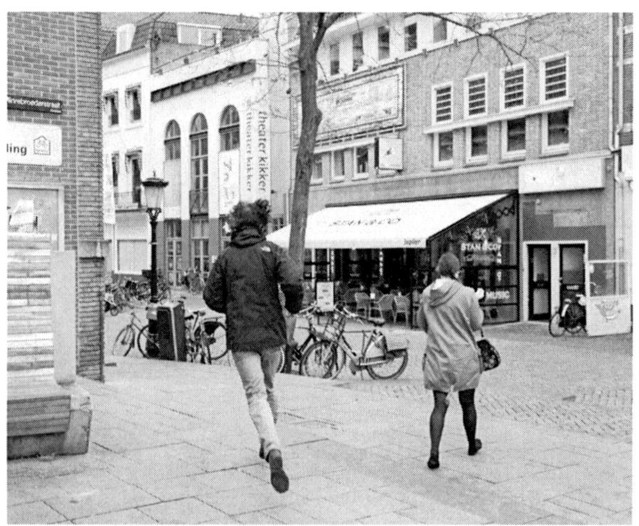

Abb. 5: *Walking The City*.

akustisch eingehegte Räume mit einer spezifischen Akustik, an der relativ viel gearbeitet wird. Anders herum, ich glaube nicht, dass die Städtezukunft so klingt, dass sie direkt überall Kaufbefehle gibt, aber dass viel stärker an Atmosphären gearbeitet wird – bestimmt auch mit dem Hintergrund, dass die Notwendigkeit dafür besteht, weil man gegen das Internetshopping ankommen muss. Es werden Bestrebungen sein, die die Marktförmigkeit noch weiter perfektionieren.

Ole Frahm: Ich finde es viel interessanter, dass die Klangräume der Stadt viel unnachvollziehbarer werden, weil zum Beispiel von den Jugendlichen jeder seinen Kopfhörer hat und sich damit den akustisch gestalteten Räumen entzieht. Selbst zu zweit unterhaltend, hat jeder noch in einem Ohr einen Kopfhörer, um im Raum noch etwas Eigenes drin zu haben, außer sich selbst. Das Verbindende des Stadtraums nimmt ab im Verhältnis zu dem, was mich mit meiner eigenen Agenda durch diesen Raum bewegt. Oder das Smartphone, das mich orientiert und dann irgendwann in der Brille drin ist.

Torsten Michaelsen: Ja, es wird auch verstärkter um die Gestaltung der individuellen Klangräume gehen. Und man kann es sich schon vorstellen, dass die Anrufung über die Smartphones, mit denen man eh unterwegs ist, stattfinden wird. Die Arbeit, die wir mit *radio aporee* gemacht haben, *Verwisch die Spuren!*, ging von diesen Überlegungen aus. Udo Noll, der Bertreiber der Seite *radio aporee*, hat schon damals bezüglich der Zukunft des Bewegens im Stadtraum konstatiert, dass Anrufungen von den Geschäften auf deinem Smartphone zu hören sein werden und dass Verknüpfungen bestehen zwischen deinem Internetgebrauch zu Hause und dem mobilen Netz. Zudem ist die Audiowalkisierung der Stadt ein Zukunftstrend, so dass alle Gebäude für Leute mit Smartphones sprechen. Das ist in allen Bereichen, im künstlerischen und im kommerziellen, ein Zukunftsmarkt.

Ole Frahm: Quasi eine Musealisierung der Stadt. Der Audiowalk, der das Sehen wie im Museum kommentiert und auf die Stadtstraßen ausweitet.

Daran angehangen: Was wäre eigentlich euer Wunsch, wie sollte die Stadt der Zukunft klingen?

Ole Frahm: Das ist schwierig zu sagen. Das würden wir fast zu allgemein beschreiben: Es wäre eine Gesellschaft wünschenswert, in der eine Verhandlung über die Akustik der Städte stattfinden könnte. Wie immer das aussähe, das ist ja ein recht komplexer Moment. Schön wäre es, wenn man Akustiken zwischen den Städten austauschen könnte und Tage des Es-klingt-wie-ein-Schwimmbad oder Es-klingt-wie-ein-trockenes-Hörspielstudio gäbe, was natürlich technisch nicht geht. Die Frage, welche Mächte erzeugen welchen Stadtraum und deren Akustiken, das müsste bearbeitbar sein. Und dann wäre schon viel gewonnen.

Torsten Michaelsen: Bestimmte Akustiken verschwinden aus dem Stadtraum, da mit ihnen die Menschen verschwunden sind. Am Bahnhof verschwindet der Junkie, der ab und zu rumbrüllt.

Ole Frahm: Dafür vervielfältigen sich die Straßenmusiker, die ein bestimmtes Ambiente schaffen sollen. Aber im Sommer in Berlin, da wo ich wohne, kann man fast nicht das Fenster aufmachen, immer dasselbe Gedudel. Das Repertoire der Straßenmusiker ist selten so breit…

Drei Lieder.

Ole Frahm: Ich übertreibe das mal…

Torsten Michaelsen: Der Track *Die wunderbare Amélie* – immer wieder.

Ole Frahm: Die Stadtentwicklung in Hamburg betrachtend, ist eine zunehmende Homogenisierung von Räumen oder von Funktionszuweisungen von Vierteln, die natürlich auch zu einer total langweiligen Akustik führen, zu beobachten. Ganz allgemein gesagt: Die Akustik des Schanzenviertels vor 25 Jahren war auf jeden Fall interessanter, als sie es heute ist. Da gab es die Punkbar, daneben merkwürdige Geschäfte, Leute und Praktiken, die Straße vom Schlachthof, und heute ist das so eine Bar neben der anderen, immer dasselbe. Vom Sound her sehr öde. Und teure Wohnviertel sind totenstill. Funktionszuweisung von Orten erzeugt vom Hören her eine langweilige Sauberkeit. Jens Röhm, mit dem wir zusammengearbeitet haben und der leider schon gestorben ist, hat mal eine akustische Untersuchung von Lüneburg gemacht und hat festgestellt, dass Lüneburg ganz selten mehr als zwei Sounds zur selben Zeit hat. Jens' Definition von Heterogenität von Sound war: Es müssen mindestens drei Sounds sein, dann fängt es an, sich zu schichten. Das hat mir viel gebracht, um zu verstehen, wie die sogenannte Urbanität von Räumen funktioniert.

Das Gespräch wurde am 14. Januar 2014 geführt und für den Abdruck im vorliegenden Band geringfügig editiert. Fragen: Melanie Albrecht und Michael Wehren.

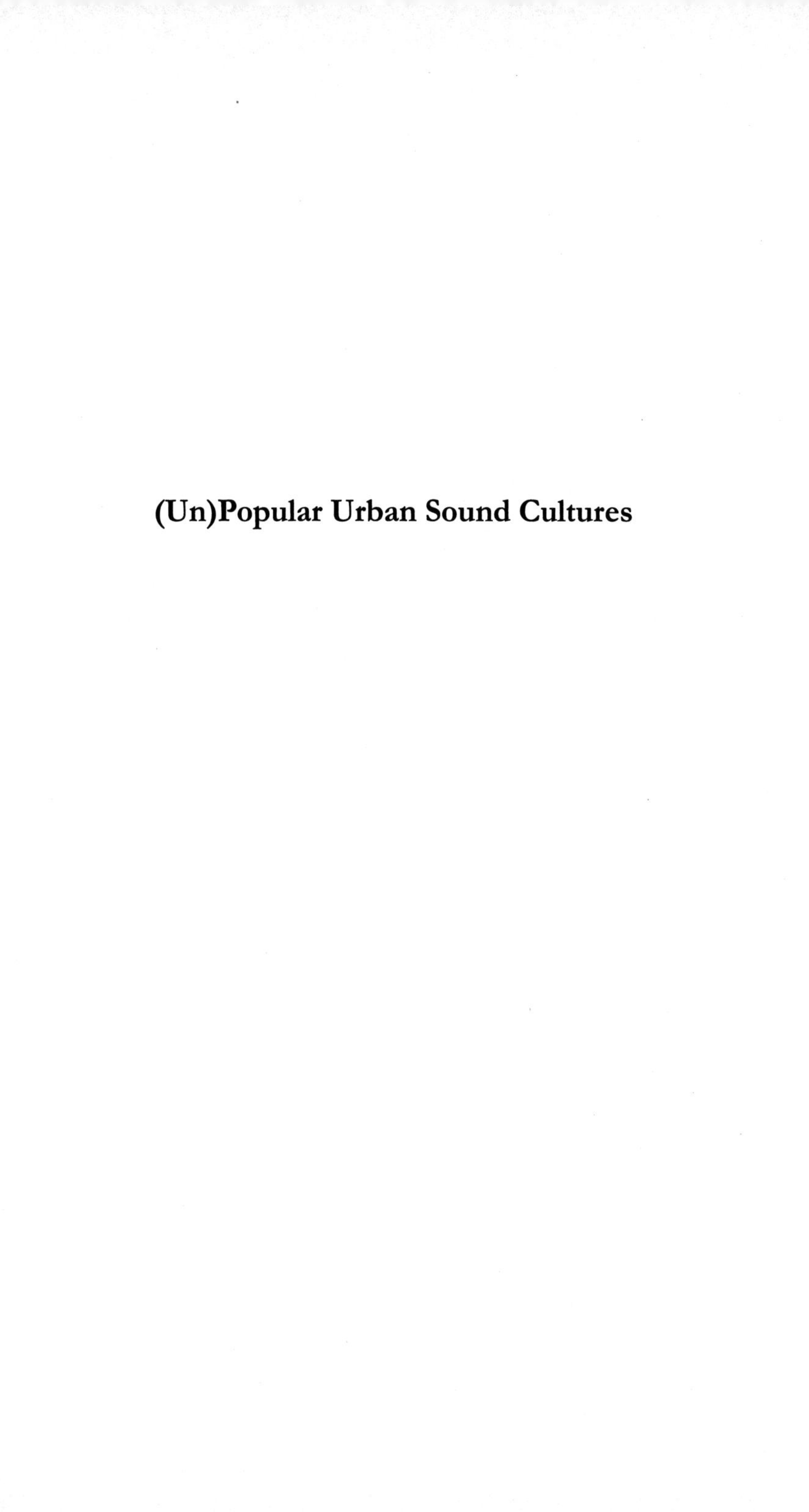

(Un)Popular Urban Sound Cultures

Green Noise

Notes on Sound for the Hybrid Environment

Thomas Bey William Bailey

The transformation of the 21st century urban environment is something which none of us will be able to completely predict, yet a couple of major trends seem to be in motion already – both of which could have serious implications for the way in which sonic information is transmitted and received in these environments. I will focus, in the pages that follow, on two potential transformations in particular: one is an increasing tendency towards a hybrid 'techno-organic' living environment in which biological and mechanical processes would become more harmonized than at any previous point in modernity, with a unique corresponding aesthetic resulting from this harmonization. Another major transformation involves a tendency, which I see as problematic, towards the subordination of all sensory data to visualization. Though seemingly unrelated, I believe that these two projects are already locked into a dramatic conflict with each other, if we view them from the perspective of sound enthusiasts. The former project, though it is clearly purposive in its desire to build a less ecologically destructive metropolis, can result in the development of more physical spaces with characteristics that are not clearly defined in terms of a specific purpose – something which, I believe, is a great stimulus to the development of new 'sonic' spaces. The latter project is not just worrisome because it sees visual data as being more useful than all other types, and thus relegates the act of listening to a kind of inconvenience or superfluous activity, but also because it reduces the navigation of the city to a kind of taxonomic activity rather than a more genuinely exploratory one. Meanwhile, the former project is not just a matter of correcting the asymmetry that exists between organic and synthetic forms, but also the asymmetry that exists between different sense modalities. I believe that the new urban experiments in hybridity and ecological sustainability can, and should, go hand-in-hand with new experiments in the sonic enrichment of these spaces, and that these efforts all share a common goal of re-imagining the city itself as a living, breathing entity, as opposed to a static or passive landscape – an environment where an intensification of visual data ostensibly means more interaction with the city, but in fact hastens our separation from its materiality and vitality. My intent here is not only to argue in favor of the new hybrid environments, but also to outline several means of making their sonic features seamlessly integrate with other sensory data to be found therein.

With the foregoing in mind, let us first focus on exactly what is meant by the 'tendency towards the subordination of all sensory data to visualization', before discussing how we might counter this. This phenomenon is rapidly accelerated by (but is perhaps not limited to) the coming boom in digital 'augmented reality' technology, in which one's orientation in the urban environment becomes more a matter of visuality than ever. The use of technology to make the city a hyper-visual environment, to the detriment of all else, was notable since at least the late-1990s advent of the Kyocera VP-210 or 'visual phone': consumer electronics manufacturers scrambled to offer the most high-powered digital cameras as add-ons to other communications technologies, yet paid little or no attention to the inclusion of on-board audio recording tools. Smartphones and other hand-held, digitally networked devices play an increasingly greater role in interfacing with the city, and with devices such as augmented reality goggles soon to be widely marketed, both familiar and unfamiliar fixtures of urban terrain will be coated in new layers of digitally networked visual information, customizable to meet a vast number of social, commercial, and (let's face it) criminal ends. The urban environment, in those parts of the world permeated by network access, will become an environment of 'tiered' visuality wherein digitally captured landmarks and locations become clothed in informational windows of varying opacity (both 'opacity' as a measurable value of visual light and of information disclosure.) Everything from video animations to user reviews will be available to disclose various aspects of an urban location's history, present, and imagined future. So what, exactly, makes this a tragic state of affairs? An observation of Marshall McLuhan's cuts to the heart of the matter, claiming that "trouble always occurs when only one sense is subjected to a barrage of energy and receives more stimulus than all the others [...] for modern Western man, that would be the visual state."[1] I believe the 'trouble'

1 Marshall McLuhan: Visual and Acoustic Space. Reproduced in: Christoph Cox /

in question is a sensory asymmetry whereby we are convinced that the eye tells us all we need to know about our environment. The second-hand experience encoded in countless AJAX[2] maps and Google Earth™ streetscapes devalues first-hand 'immersive' experience (or at least creates a situation where the authenticity of the latter must be judged on its resemblance to the former), and the confusion of 'map' with 'territory' is then complete.

Of course, our valuable first impressions of urban spaces do come, more often than not, from seeing them rather than hearing them – this is not just a function of their becoming more of a 'digital virtual' phenomenon. Their skylines and other built features are gradually unveiled when approached by highways, waterways or airways, with these spectacular views rarely preceded by sonic information (except, perhaps, in cases of war or natural disaster.) Even after these first impressions have long receded, though, and the city becomes a familiar habitat, we are still often stuck in this state of asymmetrical sensation. Or, stranger still, we are perplexed by a situation in which "acoustic and visual space structures may be seen as incommensurable – like history and eternity – yet, at the same time, as complementary, like art and science and biculturalism."[3] The threat of sound becoming a 'second-class' sensory phenomenon within urban life is very real, as the new reality-augmenting tools – be they goggles, touchscreen-powered tablets or something else entirely – will, again, primarily be means of visual orientation at a distance, stultifying the affective immersion that comes from experiencing the range of audible frequencies.

From 'Machines for Living' to 'Living Machines'

Some would argue that urban visuocentrism (fasciniation with the image) exists because the types of urban sonic information are not sufficiently varied enough to compete with the visual information. That is to say, every stage of an urban center's historical development seems to be visually represented in both monumental and

Daniel Warner (eds): *Audio Culture: Readings in Modern Music.*. London: Continuum Books 1999, pp. 67–72, here p. 69.

2 Here referring to the 'asynchronous JavaScript and XML' technology.

3 McLuhan: Visual and Acoustic Space, p. 71.

practical structures, while there is no equivalent representation of sonic information. Baroque plazas, polished modernist towers and even bombed-out ruins can all reinvigorate or contribute to present-day activity in a multitude of ways. Meanwhile, would-be sonic adventurers must settle for the narrowband set of frequencies associated with mechanical noise, and must deal with the limited 'narrative' possibilities that entails. On top of this, humans' innate tendency to anthropomorphize their surroundings is better served by the visual information of the city: urban buildings seem to be giant abstractions of human bodies, hierarchically arranged in quadrants or formations that seem, in turn, like abstractions of our own social groups. Sonic information, throughout the history of urban spaces, has increasingly been difficult to connect to discrete processes, let alone to humanize. A Radio Leningrad experiment conducted in the late 1920s was perhaps a harbinger of the current state of things; wherein the radio station recorded "noises of railroad stations, streets, harbors [...] and various other noise producers [...], [but] it was unclear to the listeners whether they were hearing thunder or trains or breakers."[4]

Still, the visuocentric point of view has never been free from dissenting opinions: for those who swear by the Goetheian maxim "architecture is frozen music," the city has always been perceptible as a continually unfolding "symphony" of natural elements and materials, or an environment aspiring to the freedom and malleability of sound rather than the opposite. It is also easy for us to name those instances where daring new structural achievements were literally accompanied by bold new innovations in sound, like the usage of Iannis Xenakis' *Concret PH* to complement his own elegantly curving, 'hyperbolic paraboloid' design for the Philips Pavilion in Brussels (1958). Concurrently, when urban design was formally confirmed as a discipline by Harvard's Graduate School of Design, Le Corbusier had already suggested that the basic elements of urban design were not only steel and cement, but also sun, sky, and trees. In fact, he placed the last three listed items first in this hierarchy of elements, suggesting that his own architectural fundamentals of 'mass, surface, plan' were never impervious to elemental forces.

4 Roman Jakobson: *Language in Literature.*. London / Cambridge: Belknap / Harvard UP 1987, p. 467.

A select group of artists working with sound would also argue that an organic, immersive sound environment already exists in the city. This could be discovered if we would cease being terrified of the 'undomesticable' nature of it as hinted at by the Radio Leningrad experiment, or if we would simply bother to listen more actively and intently. The sonic researcher Michael Gendreau has not only stated that 'every building speaks a unique language', or referred to buildings as *haut-parleurs* [loudspeakers], but also urges us "to consider the building as a body, listen to the sounds of its structure as if it were alive: we will identify the sounds of breathing, digestion, blood flow."[5] The sound artist Francisco López is a kindred spirit to Gendreau, also noting how the techno-organic relationship already exists within our built environments: urban buildings for López are

> sophisticated hyper-bodies we build around ourselves. Their physiology is controlled by metabolites and fluids such as electricity, air, water and gas. Wires, cables, gears, pipes, air ducts, boilers, clocks, LEDs, thermostats, computers, video cameras… work inter-connectedly to make up sensory, muscular, digestive, nervous systems that we set in motion, with a high degree of autonomy and self-regulation, in the service of our hyper-physiology […] [They are] a community of machines that breathe, roar, hum, rattle, beep, crackle…[6]

So, in this sense, we are involved in a symbiotic relationship with self-regulating 'living machines', a step forward from Le Corbusier's vision of the ideal home as a 'machine *for* living.'

If we have failed to approach our already existing urban structures as 'living machines', then several new projects encourage us to at least conceive of the future city as being populated by structures that back up the Gendreau / López claims of homeostasis and communicativity. Notable architects, like Lars Spuybroek and his NOX group, designed structures "with an array of references ranging from abdominal muscles to auto designs,"[7] making it clear that the concept of 'biological buildings' is not an eccentricity only manifested in individuals like Gendreau and López, and that this way of perceiving

5 Michaël Gendreau: *Parataxes: Fragments pour une architecture des espaces sonores.* Lausanne: Van Dieren 2010, p. 179. Translated from the French by the author.

6 Francisco López: CD liner notes to *Buildings [New York].* V2_Archief, Amsterdam 2001.

7 This is in reference to NOX' Rotterdam 'Club House'. See Philip Jodidio: *Architecture in the Netherlands.* Köln: Taschen 2006, p. 109. Translated from the Spanish by the author.

architecture does not confine itself to one sense modality. Spuybroek's 'Son-o-House' structure, completed 2004 in Son-en-Breugel, is a set of convoluted and overlapping transparent domes that also doubles as a space in which to hear an interactive sonic sculpture provided by sound artist Edwin van der Heide.

Skeptics will likely say that the techno-organic ideal outlined above is one that can only succeed on aesthetic grounds; i.e. there is no such thing as a building whose sonic processes, let alone its full complement of mechanical processes, cannot convincingly pass for those of a living organism. This criticism perhaps relies too much on past examples of 'eco-architecture', though, with their tendency to either sheathe internal 'eco-engineering' in structures indistinguishable from those surrounding them, or for the inverse of this situation to be the case. As such, this criticism ignores much of what is now being constructed or proposed, and surely has not been much of a deterrent to award-winning urban landscapers like Ken Yeang, who has made the radical 're-organicizing' of urban space, up to and including functional 'green skyscrapers', his signature project.

Sonic Cultivation

Regardless, where ambitious projects in urban greenery are concerned, the retinal qualities are still put forward as being their most meaningful ones. An example is Toyo Ito's Island City in Fukuoka's Hakate Bay, an admittedly impressive project that is touted for its 'topological undulations' (but not necessarily for its aural qualities.) Proposals for similar unbuilt works, like the *Praxis of Flow* of Melody Rees and Arthur Azoulai, also entice with promises of topological novelty and a profound respect for non-human agency (as to the latter, the architects' site is "designed by dynamically simulating self-organizing biological systems."[8]) Non-orthogonal structures are often employed in these spaces to achieve a greater level of ductility than earlier hybridistic projects, e.g. Shigeru Ban's *Shutter House for a Photographer* (constructed 2002–2003), one wall of which is a checkerboard grid evenly divided between squares of window glass and squares filled in by vegetation. In all cases, the desired effect of being in these spaces is one of experiencing a true hybridity between materials cultivated and

8 See http://free-d.nl/project/show/id/576/subCat/freeform (accessed 06.04.2012).

fabricated, between organic 'openness' and synthetic 'stability', and ultimately between aestheticism and functionality. As the proposals for bold projects like the *Tower of Droplets* may indicate, these environments' hybridity will also be a matter of making distinctions between interior and exterior space less perceptible. A side effect of this is that the already existing array of greenhouses, atria, and other landscaped features will become supplemented by newer types of structure in which, presumably, the myriad forms of botanical and animal life will have active roles surpassing their current role as living museum exhibits. By all appearances, careful attention is being paid to preventing these landscaping projects from inclining too much towards either polarity of 'Walden'-style escapism or modernist / futurist triumphalism. If they succeed in achieving this hybrid state, these environments become exonerated from their status as monumental objects of contemplation or as an inventory of one-way sensory effects. Successfully hybridized environments are no longer 'virtual' representations of 'actual' organicism, i. e. environments whose simulated nature means that they are mostly unaffected by human activity. All told, the most qualitatively different feature of these environments is the way in which they attempt to aestheticize the transitional, rather than the completed or irrevocably fixed, state.

The question remains – how can these hybridistic qualities be enhanced, or simply communicated, with sonic material? Before attempting to answer that inquiry in earnest, it bears mentioning that the creation of 'soundtracks' for modern green or garden spaces is definitely not without precedent, as we can see from works like John Cage's *Ryoanji* – a site-specific piece composed from glissandi that were meant to be played *non vibrato* on a combination of wood and metal instruments, with the intent of sounding 'as much like sound events in nature rather than sounds in music'. Like the contemplation of the *karesansui* (rock gardens) of Ryoanji themselves, active listening to the slowly arcing *glissandi* of Cage's work is meant to instill a sense of temporal suspension – a quality which, paradoxically, makes such sounds 'work' in undefined environments like Ito's urban island as much as in Cage's preferred place of meditation. The outdoor park installations carried out by Christina Kubisch in the 1980s are another example of the natural environment 'wired for sound', which she describes as follows:

> Trees and plants were wrapped with electrical yellow-green cables, and visitors wandered around with special induction-headphones. They listened, depending on their movements and the paths they took, to sounds in the air, by the trees, between the plants, along walls, fences and even in water and from underneath the soil.[9]

Despite the good intentions of Kubisch and Cage, there are some who will consider it inappropriate to introduce a competing sonic narrative into environments already endowed with their own distinctive sonic characteristics – a criticism not to be lightly dismissed. Practicioners of 'acoustic ecology' (of which, more in a moment) are particularly prone to wariness of any such superimposition. However, the use of urban green space for installations is often done simply because oversaturated cities may present no better alternative for public presentation of sound art. The pedestrian traffic of other urban districts (residential, commercial, industrial) has to be taken into account when any outdoor installation is realized. If, for no other reason, the increasingly paranoiac, 'vigilant' environs of our cities breed an atmosphere where even the act of 'standing around' to appreciate a sound installation can warrant suspicion. Crowded walkways, and even some plazas and courtyards, are also difficult places to pull off successful installations without several thousand watts of amplification, and with all the necessary city permits to make this possible. Otherwise, careful consideration must be given to the limited frequency range that is able to challenge both the persistence of vehicular sounds and nearby human chatter for its place in the hierarchy of attention. More consideration therefore needs to be given to those buffer zones between more heavily trafficked areas, many of which just happen to be the 'green' spaces of parks and gardens.

Having said this, the injection of pre-recorded 'natural' sounds into highly mechanized, automated, and post-industrial environments has rarely been a resounding success. It is also ironic that many sounds meant to enhance urban life, by pointing to the life beyond its walls, could become more grating than the 'necessary evil' sonic excrescences of mechanical and electrical processes. At times, the infusion of such sounds has merely catered to a kind of personal consumer vanity and a need for domestication, rather than aiming for some

9 Christina Kubisch: Digital Arts' Black Sheep. In: *Soundscape* 3,1 (2002), pp. 20–21, here p. 20.

more holistic fusion of 'natural' and urban audio information. One example of this was the British Library's 2003 release of archival wilderness noises as mobile phone ringtones, "including the noises made by bellowing hippos and cobras attacking."[10] In cases where the 'natural' sounds are a planned feature of urban or suburban space, their intended usefulness rarely extends beyond the preventive type of behavior modification. That is to say, the focus is on limiting destructive behaviors rather than encouraging constructive attitudes. In this way, it is also safe to assume that piped-in natural sounds are resented on a level with piped-in "mood music" (of which, a recent U.K. poll indicated that some 50% of those surveyed would "walk out of" shops subjecting them to it.)[11] On the Chiyoda subway line in Tokyo, passengers are treated to the pre-recorded sounds of birdsong as they stand on the platform and await the next train – but the knowledge that these sounds are meant to alleviate fear is, ironically, a trigger to anxiety and a reminder that a truly disaster-proof environment would require no such sonic interventions on the behalf of its planners (admonitions of the 'everything is all right!' variety have almost always been statements that 'everything is all right, *except…*') In other words, the calculated aesthetic 'exceptions' to such an environment merely underscore the 'rule' of that environment, while doing nothing to bring more attention to its genuinely positive features (the Chiyoda line's cleanliness and freedom from violent disruptions are worth mentioning here.)

The task at hand is a demanding, but hardly impossible one: to design and deploy sound for hybrid space that encourages active engagement with it, that reflects a symbiotic relationship within that environment, and whose role cannot be confined to the typical 'behavior modification' categories of deterrence or pacification. Digital composition techniques from granular synthesis to spectral morphing provide an almost inexhaustible set of parameters with which to meet this challenge, though some preliminary cautions should be taken with their use. The acclaimed film director Andrei Tarkovsky insisted that "electronic music must be purged of its 'chemical' origins, so that as we listen we may catch in it the primary notes of the

10 See http://news.bbc.co.uk/2/hi/technology/3051594.stm (accessed 06.04.2012).

11 See http://www.pipedown.info/piped_music__the_facts (accessed 07.04.2012).

world."[12] Tarkovsky does not elaborate on which particular aspects of electronic music contain these 'chemical' origins, but it is easy enough to deduce it from the types of academic electronic music being made at the same time as his landmark films. The so-called 'audio barber poles' of Shephard / Risset scales, or the rigorous computerized exemplars of microtonal composition, perhaps draw too much on a modernist methodology that is being increasingly surpassed by the techno-organic urban design visions of Ito, Rees & Azoulai, and others. However, if Tarkovsky's admonition seems too vaguely stated to really prompt the mapping out of a new sound galaxy, then it may be helpful to look to his thoughts on an altogether different form – Japanese haiku. Of this poetic form, Tarkovsky claims that

> [it] cultivates its images in such a way that they mean nothing beyond themselves, and at the same time express so much that it is not possible to catch their final meaning. [...] The reader of haiku has to be absorbed into it as into nature, to plunge in, to lose himself in its depth, as in the cosmos where there is no bottom and there is no top.[13]

Now, if Tarkovsky's observations on haiku are mapped onto the medium of electronically generated or digitally processed sound, we may have found our means of purging these 'chemical origins.' Is his description here not equally valid as a reaction to much acousmatic music? Or, more accurately, doesn't this apply to the sounds of those artists who sculpt with digital samples of 'interstitial' sound material, or what Jean Baudrillard might have called sounds of 'emergence' (turntable needles settling into dusty grooves, the pointed crackling that results from hovering an audio input jack over an amplifier input, and so on)? A clever architectural metaphor from Brandon LaBelle suggests that the role of these sounds of 'interference' are 'a kind of scaffolding' within the audio realm, which would make them a neat complement to the virtual, visual scaffolding or meta-structures of our new augmented reality. Like the images of Tarkovsky's haiku, scaffolding as an architectural feature has "no intention to establish [itself] beyond its initial use: it appears, and then disappears."[14] Seen in

12 Andrei Tarkovsky: *Sculpting In Time*, trans. from the Russian by Kitty Hunter-Blair. Austin: University of Texas Press 1986, p. 162.

13 Ibid., p. 106.

14 Brandon LaBelle: *Site Specific Sound.* Los Angeles / Frankfurt am Main: Errant Bodies / Selektion 2004, p. 72.

such a way, these provisional kinds of electronic sound are perfectly 'natural', and not just because of their having tonal or timbral qualities similar to those made by non-human creatures (e.g. the febrile and almost electrical buzz of massed cicadas.)

Meanwhile, horticultural or botanical allegories for creative methodology, like Deleuze's 'rhizomes', have been a fairly regular feature of avant-garde activity in the previous decades, and it is only fair that these creations be imported back into the new spate of 'green spaces' themselves. Computer sound patches can create aural atmospheres analogous to the morphological states like indeterminate inflorescence, i.e. the state in which a plant's stem continues to grow flowers laterally, with no termination of this florescence so long as the main stalk continues to grow. A single 'stem' of sound can sprout new sonic 'buds' or reference points as it progresses in time, with each of these points differing just enough in their tonal qualities to form a mesmerizingly complex, yet convincingly cohesive, atmosphere. The interfaces of visual programming languages for sound design already tend towards horticultural models of growth, with their multitude of nodal objects or 'patches' being connectable in such a way that encourages endless branching off and multiplication of new objects. Processor power is, of course, a limitation to this would-be infinite array of new objects, but inflorescence and phyllotaxis are only 'infinite' themselves until atmospheric changes intervene.

Speaking of intervention – it would be wise not to go any further before addressing critics of the city's sonic monotony, and especially those who might protest that projects in 'sonic greening' are just a capitulation to that monotony. Perhaps none of these critics are as crusading as the acoustic ecology proponent R. Murray Schafer, who "lambastes the 'lo-fi landscape of the contemporary megalopolis.'"[15] Yet distaste on its own is not a blueprint for a renaissance, and Schafer's alternative to the authoritarian silencing of the mechanical city is equally despotic:

> His ideal sound culture is one limited to what he calls a *human scale*: the spatiality of the unamplified human voice. For Schafer, the human is the small. This definition of humanity reduces it to a scale of a single human being and confuses cacophony with social disorder or, worse, inhumanity. Schafer's definition of a

15 Jonathan Sterne: *The Audible Past.* Durham / London: Duke UP 2003, p. 342.

> "hi-fi" soundscape conceals a distinctly authoritarian preference for the voice of the one over the noise of the many.[16]

This anthropocentric thrust of Schafer's is insufficient for creating an enjoyable or elucidating interface between natural and technical elements. A much more ambitious dynamism should be the primary focus of this project, and this can come about by recognition of a simple fact: nature, even those portions of it that are in close proximity to human industry and commerce, has no stable 'identity' and thus no set mode of communication in relation to human ingress. It would seem that the designers of hybrid urban spaces are perceptive enough to envision a state where "instead of organisms adapting to the environment, both engage in a mutual 'negotiation' or becoming."[17]

So, with the aforementioned example of subway birdsong in mind, I propose that future sonic greening activity *not* involve the mere replication of 'habitat sounds' associated with the wilderness, e.g. those types of animal or insect communications that might occur if an environment were more 'pure' and capable of supporting more members of these respective species than an urban approximation of it would allow. This type of illusionism is ultimately condescending in its aims, presupposing a human population that is too steeped in urbanism not to know the difference between animal recordings and 'real' animals in their midst. It also condescends towards animals themselves, many of which have a surprising ability to interpret the mechanized environment and communicate in its own language (for example, the Hill Myna (*Gracula religiosa*) is not only a prodigious mimic of the human voice, but is also uncannily adept at mocking the sounds of mechanical processes.)

While still considering the instability of a natural identity, we can also exclude a type of music that both Schafer and myself might agree is worthy of exclusion: the synthesized ambient 'bed' or 'pad' is something else that should perhaps be avoided in these environments. The reassuring constancy of ambient drones – in the compositional vein of Brian Eno, Robert Rich, Steve Roach et al. – has its time and place, but this music is not the best choice of accompaniment for the newer

16 Sterne: *The Audible Past*, p. 342.

17 Jussi Parikka: *Insect Media: An Archaelogy of Animals and Technology*. Minneapolis / London: University of Minnesota Press 2010, p. 32.

hybrid environments under discussion here. When used in urban sound installations, the hallmarks of this stereotypical ambience (e.g. deep cathedral reverberations and slowly shifting melodic content) seem to enforce an attitude of reverence towards scientism as a surrogate religion. Using the same compositions as the 'soundtrack' for the green spaces of cities is just as problematic, evoking an implausible version of nature that is not just comfortably serene but also languid in its rate of transformation. Oddly, it is the electronic music of 'interferences' that again makes a case for being more compellingly 'natural', owing to its acceptance of mistakes (or 'glitches', in the digital domain): natural evolution itself is more an accretion of such deviations than it is a smooth, linear sequence. For all of the botanical transformations that require time-lapse photography in order to be fully visualized, there are other natural processes that require film to be drastically slowed in order to be perceptible, and so an ambience that admits only one natural 'speed' is already inappropriate in the wilderness, let alone in a more hybrid environment. The ambient drone need not be totally ignored, though. It would be better used in conjunction with other types of fleeting or ephemeral signals, could be used as more of a contrapuntal element, or could again be like a sonic 'stem' which sprouts a progressively differentiated set of new signals.

Much ambient music is also too invariably solemn to represent or communicate with the new environments in question. Henri Bergson's definition of modern humor ("a contrast between free human vitality and the automatic rigidity of the machine"[18]) provides another useful model for designing sounds for the hybrid space, especially if a broader 'natural' vitality is substituted for 'human' vitality. In this manner, some features of the mega-urban aural landscape are already quite humorous without interjections from non-human life forms: I vividly remember the nightly playing of *Auld Lang Syne* over the public address systems of the shopping centers in Osaka's Umeda business district, during the close of business hours (the shopping areas were a transitional point of pedestrian traffic making for a seamless journey between the interior space of office towers and subway lines.) While

18 Renato Poggiolo: *The Theory of the Avant Garde.* Cambridge / London: Harvard UP 1968, p. 140.

not humorous in and of themselves, the gently rolling and lugubrious tones of this song were perversely funny when contrasted against the violent sound of sliding metallic doors screeching shut over their respective shops. The contrast between the two levels of audio coercion was like a comical 'good cop, bad cop' routine made funnier still by the polyphony of exaggerated laughs and half-drunk slurs coming from the thousands of homeward bound workers. The aforementioned reverent ambience does not allow for this type of absurdist humor, which is predicated upon a strange kind of joy in the face of personal and universal failures. The natural world offers up countless such scenarios wherein the complementary relationship between the humorous trickster and logical 'straight man' is acted out in a most vivid manner, with humanity playing the role of the latter more often than it might like to admit. As such, it seems disingenuous to deny the possibility of humorous sonic oddities in the urban green spaces. This might mean a concerted effort to rehabilitate the 'morphological mischief' of something like the Surrealists' visual works, and transpose it to the audio realm.

Neo-Surrealism and Beautiful Confusion

In hindsight, the fluid biomorphism of Surrealist painting was very much a harbinger of current architectural or landscaping innovations based on the aforementioned qualities of non-orthogonal space, 'topological undulation' and – last but not least – the tendency of forms to transition from a biological stage to a mechanical one without any intervening phase of 'humanity' during this transition. Media theorist Jussi Parikka, noting the attitudes of Roger Caillois on this subject, claims that

> [...] for surrealists, animals and insects were everywhere: Max Ernst had his "ferocious birds", Chirico the "prancing horses," Magritte was occupied with both with birds and metamorphoses, for example, one in which a girl "becomes an antimermaid with the bust and the head of a fish"[.][19]

Still other examples can be given of this ethos, imparted to sculptural objects and Surrealist scenes rather than just painting: critic Arthur Danto cites both Dali's snail-encrusted *Rainy Taxi* and Meret

19 Parikka: *Insect Media*, p. 93.

Oppenheim's fur-lined teacup, noting how "fur seemed by itself to confer surreality when adjoined to any object".[20] Such transformations, which once provided such fertile ground for Surrealist painting, point the way towards sound characteristics which can prevent 'live' green spaces from becoming the mausoleums that they often are when situated in an urban context. Though Surrealist fascination with flora and fauna was partially grounded in a larger fascination with the labyrinthine, autonomous 'wilderness' of the unconscious, their interest in the flux of natural life nevertheless provides a point of inspiration for future attempts at hybridity: following on the *wunderkammer* or 'curiosity cabinet' from centuries before, projects like Ernst's *Histoire Naturelle* were inspired by dreams of the endless recombinant potential of nature (Ernst speaks of mutations like "feather-flowers" and the "circumflex medusa.")[21] They were also, I submit, informed by a Darwinian optimism about the continuity and malleability of organic life – a belief in the potential of hitherto inconceivable organisms – more than by a pure desire for amusing perversity. The Surrealist campaign for greater automatism, via Ernst and other representatives, had to admit that the regenerative biosphere was the ultimate 'automatic' artwork.

Through a little deft editing or convolution of multiple audio files, the *wunderkammer* can come to life in an unequivocal way: the stentorian roar of a tiger becomes sonically inverted into, say, the comparitively ineffectual, nagging honk of a goose or duck. The audio waveforms corresponding to other natural sounds, like the bleating of goats or the baying of wolves, can be re-drawn so as to take on implausible alterations in the sounds' speed and the rhythmicity of their reproduction. Whether the individual reactions to these whimsical fusions of seemingly irreconcilable audio result in some temporary reconciliation, or simply end in unsettling aberration, cannot be easily predicted – but the same can just as easily be said about the new wave of proposed hybrid environments and structures themselves. The important thing is that every sensory aspect of these environments does not actually presume to be a universal 'ideal', and

20 Arthur C. Danto: *Unnatural Wonders: Essays from the Gap between Art and Life.* New York: Farrar / Strauss / Giroux 2005, p. 169.

21 Max Ernst quoted in Robert Motherwell: *Max Ernst: Beyond Painting and Other Writings by the Artist and His Friends.* New York: Wittenborn & Schulz 1948, p. 9.

that the impossible and unnecessary task of perfectly representing nature does not become the goal of these sonic spaces. The attitude of Christina Kubisch towards her aforementioned park installations, while maybe not applicable to the more outlandish sounds noted above, hints at an alternate way of keeping these environments both playful and meaningful:

> It was left to [the audience's] own perception to decide whether these sounds actually existed in space or were produced through induction-loops of the cabled nature. Through this, not only their auditory awareness was sharpened, but the visual sense as well.[22]

It is also worth noting that Kubisch's experiments, when played through stereo headphones, significantly magnified audience attempts to ascertain the true nature of their sonic environment: "often visitors lifted off their headphones to listen with sharpened attentiveness to the familiar environment [...] memories of earlier listening experiences were awakened."[23] Like the Radio Leningrad study mentioned above, we can again see here that confusion over the identity of sound sources is still a fact of urban life, but that confusion can easily change from being an imposing annoyance into being a constructive sort of game or ritual activity, depending on whether or not there is a clear invitation for others to participate in this interpretative process. The possibility of creating a new identity, that neither conforms to pre-conceptions of nature or artifice, was not only an ambition of the Surrealist visual techniques of Max Ernst, but an implicit desire of architects and sound artists alike (both Kazuo Shinohara and Francisco López have spoken of 'the beauty of confusion.')

In addition to 'beautiful confusion', might there be other supposedly 'negative' qualities worthy of consideration in a hybridized sonic space? The aforementioned Michael Gendreau, in his musings on the organic building, claimed that "the best buildings and the best spaces [for sound reproduction] are imperfect,"[24] and indeed 'imperfection by design' is a design trend of the new hybrid spaces that points the way towards a suitable sonic counterpart: namely the

22 Kubisch: Digital Arts' Black Sheep, p. 20.

23 Ibid.

24 Gendreau: *Parataxes*, p. 182. Translated from the French by the author.

ongoing attempts to, via synthetic construction materials, reject the view of the utilitarian and the aesthetic as mutually exclusive categories. The architectural materials now used in the urban landscape have increasingly tried to frame elemental processes as aesthetically pleasing ones rather than as parasitic intrusions, or as 'beautiful in themselves' rather than being attractive only insofar that they illustrate a moralistic imperative (e.g. the 'greater good' of sustainability.) COR-TEN weathering steel, deployed by Eero Saarinen and others, has provided one means of constructing administrative facilities and public sculptures that welcome corrosive atmospheric effects, rather than trying to maintain the illusion of ultimate triumph over them. Elsewhere, 'earthy' pigments for concrete structures (see, for example, the Minnaert Building at Utrecht's de Uithof campus) create the illusory effect of appearing like fertile soil. A curious visual ambiguity of organic and synthetic, of modern and antique, results from the best uses of such materials. So could there be a sonic equivalent to this ambiguity, which would be at home in urban green space? There are many possible options: for example, sounds that seem to 'decay' or 'corrode' via gradual accumulations of distortion to the 'clean' signal, or by other means of phased signal attenuation. The band-pass filtering of individual sounds or entire compositions can create a similar psychoacoustic effect, as can the peculiar transformations of phase vocoding (which occur by the separation of a sound into a 'source' and 'excitation components', and the subsequent favoring of those 'excitation components' as the most clearly audible portion of sound).

So, what is to be done with these types of sounds once they have been processed, and tailored to their special environments? Would it be enough to merely place a pre-recorded disc or digital media player in a locked box on the grounds of the proposed spaces, and program it to play on a looped or random mode? Or would this turn the spaces into a glorified 'chill-out room' that maintains the old relationship of humans to urban green space, i.e. that of *escaping* or disconnecting from 'active' urban life into 'contemplative' nature? The 'cabled nature' experiments of Kubisch are again important to consider, not only because they are an aesthetic starting point for designing the sound itself, but also because her attitude towards her audience favors active interrogation of their internalized concepts of nature.

To this end, audio tours or 'soundwalks' powered by rented pairs of headphones could take on a more unorthodox character if visitors to the space are encouraged to record their own alternative histories inspired by their exposure to new sounds, sights, etc. These could then be submitted for use by other visitors on future tours, creating a situation whereby each subsequent tour is guided by a completely different narrative. An added dimension of 'live-ness' in these environments can also come from real-time operation and processing of the sounds by unseen or sufficiently obscured agents (an artistic strategy already utilized in the previously mentioned Son-o-House collaboration between Spuybroek and van der Heide.) Systems of infrared sensors, 'garden pathways' comprised of floor-mounted membrane pads, and other dedicated control surfaces can trigger audio signals with an imperceptible, or believably negligible amount of latency. The information fed to closed-circuit cameras or other motion-sensitive equipment, as monitored off-site by a live sound operator, could be used to enhance the sense of the environment communicating with its visitors: as certain actions are taken, or certain areas are accessed, corresponding simple sounds or complex sound sequences could be cued up in turn.

The repertoire of projected sounds would, of course, not be preset 'sound effects' but would be alterable in accordance with the intensity or repetition of the human actors' movements. In this way, whole synesthetic dramas could be played out, in which the sounds triggered by certain actions of touching, smelling, or tasting individual features of the environment contribute to a more lasting memory of those sensory events, owing to multiple sense organs being stimulated more or less in unison. Parks, gardens, 'green floors' of buildings and other such environments could thus find a new use as laboratories for experimentation in sensory affect.

Conclusion

> Our civilisation is faced with the relentless extension and aggrandizement of a highly centralized, super-organic system, that lacks autonomous component centers capable of exercising selection, exerting control, above all, making autonomous decisions and answering back. The effective response to that problem, which lies at the very heart of our future urban culture, rests on the development of a more organic world picture, which shall do justice to all the dimensions of living organisms and human personalities.[25]
>
> *Lewis Mumford*

These words from one of the great critics of the 'mega-technic society' are still applicable in the 21st century. Even if the present networked society has made for a less centralized system of interpersonal transactions – that does not mean we experience complete autonomy. Our inextricability from nature denies us the possibility of ever being pure 'free agents', though de-centralizing advancements in telecommunications can sometimes provide a convincing illusion that this is not the case. The increased sense of proximity that we enjoy via networked, broadband communications has come at the expense of proximity to other living organisms, even as a number of ambitious designers attempt to re-introduce it to urban life. The primarily visual nature of these communications has only exacerbated this situation by downplaying the more 'worldly' aspects of listening – according to the 'audio-visual litany' proposed by Jonathan Sterne, 'spherical' hearing (as opposed to 'directional' vision) "is a sense that immerses us in the world, vision is a sense that removes us from it."[26] Willfully denying the usefulness of any one sense modality retards personal growth, a self-denial which further alienates us from other living organisms, which make far less selective use of such faculties in their quest for growth.

25 Lewis Mumford: *The City in History.* San Diego / New York / London: Harvest Books 1989, p. 567.

26 Sterne: *The Audible Past*, p. 15.

A little bit has been written above about this biological growth, and how sound in the hybrid environment should attempt to either emulate or mirror these growth processes – yet there is something else animating all of the sonic possibilities suggested above. Namely, it is the concept of play that ignites them, an activity that encompasses the activities of mimicry and 'positive bewilderment' previously suggested. The concept of indeterminate play is an acknowledged fact of non-human biological activity (as per Johan Huizinga), and yet is a stimulus for future strains of human activity. Time and again the new structural adjustments to urban landscapes are referred to as a 'play with forms', and it would seem that playful forms should be the prelude to an equally playful approach towards their public use. It follows that a sufficient quantity of playfulness should be invested into our 'hybrid world soundscapes' – an act that, if successful, would help us to rediscover the fundamental sonic aspects of our lived environment.

Nonetheless, the debate over the usefulness and practicality of green space in the 21st century mega-city is likely to intensify from this point on, and unlikely to remain a minor sub-plot in the larger drama of urban planning. Urbanist Paul Virilio has already sounded the alarm that "what I called *claustropolis* has replaced the cosmopolis," while noting China's trend towards "moving people allegedly dangerous for the ecology, and forcing them to live in the cities."[27] Virilio's implicit criticism is of a re-inforcement of the divisions between the functions of the controlling, coercive state and that of the natural world. Meanwhile, his fears of 'urban supremacy' and hypertrophied cities are echoed by those who fear that the loss of the *terrains vagues* – or empty spaces with no clearly pronounced purpose – is a means of choking the city's respiratory system. This 'end of emptiness' presages the triumph of the panopticon or all-controlling eye (another of Virilio's nightmares is the one of "*optically correct* conformism that will finish the job of the conformism of politically correct language and writing.")[28] This takes us back roughly to where we started, with McLuhan's criticism of the visual bias in modern life. To criticize a

27 Paul Virilio / Sylvére Lotringer: *Pure War*, trans. from the French by Mark Polizotti. Los Angeles: Semiotext(e) 2008, p. 211.

28 Paul Virilio: *Open Sky*, trans. from the French by Julie Rose. London / New York: Verso 1997, p. 91.

purely visual culture is, in effect, to criticize one obsessed with acts of surveillance at the expense of overall quality of life (although, to be fair, such activity has been carried out as much through wire-tapped audio communications as through those methods by which 'Big Brother is watching.') The new hybrid urban spaces, whose multi-purposiveness is complemented or initiated by their multiple grades of organic and synthetic space, are one form of rebellion against this visiocentrism and the culture of control that it enables: by confounding the eye with unexpected topological twists, materials of indeterminate origin, and general elusiveness of design, they interfere with its control even as they attract its gaze. Merely defeating the eye is not enough, though: if these spaces' sonic qualities are treated as trivialities by their designers, a great opportunity for the real regeneration of urban life is being ignored.

Radio City

Urbane Klänge in der verwalteten Welt, sieben Notizen

Roger Behrens

1.

> Lärm stört etwas weniger, den man auch sieht. Am besten von einem Eckfenster aus, das Auge ist doch beherrschender als das Ohr.[1]

„Schaut euch dies Bild an und versucht, euch eine Welt ohne Geräusche vorzustellen“[2]. – Dies Bild nimmt drei Viertel der Doppelseite ein, mit der *Die Welt des Schalls,* Band 28 der *Was ist Was*-Buchreihe, beginnt. George J. Zaffo hat eine Straßenszene illustriert. *Ein urbaner Klangraum*: Ganz vorne läuft ein Hund bellend über die Straße, ein Junge pfeift ihm zu. Links im Bild wird ein Lastwagen entladen, eine Kiste fällt zu Boden und zerbricht krachend. Ein Vogel sitzt in einem Baum und zwitschert. In einem Haus ist im oberen Stock ein Feuer ausgebrochen, eine Frau schreit aus dem Fenster um Hilfe. Unten im Haus ein Geschäft: ‚Radio und Fernsehen‘, aus einem Lautsprecher über der Tür wird Musik gespielt. Ein Mann steht vorm Schaufenster, dabei fallen ihm ein paar Münzen klimpernd auf die Straße. Ein Junge schlendert vorbei, ein anderer erkennt ihn, bleibt stehen und ruft ihm hinterher. Ein Mann geht verträumt lächelnd bei Rot über die Ampel, ein Autofahrer hupt und schimpft. Im Hintergrund ist eine große Autobrücke zu sehen, was auf einigen Verkehrslärm schließen lässt. Ein Flugzeug fliegt am Himmel, vermutlich dröhnend.

„Auch einfache Geräusche vermitteln uns schon reichhaltige Nachrichten.“[3] Die akustische Welt wird hier als eine Welt der Signale vorgestellt: Jedes Geräusch, jeder Klang, selbst jede

1 Ernst Bloch: Gute Miene. In: Ders.: *Literarische Aufsätze,* Bd. 9. Frankfurt am Main: Suhrkamp 1985, S. 11.

2 Martin L. Keen: *Die Welt des Schalls. Was ist Was*, Bd. 28, dt. Ausgabe von Otto Ehlert. Hamburg: Tessloff 1964, S. 5.

3 Ebd., S. 6.

Melodie – Vogelgezwitscher, der singende Wind in den Bäumen etc. – ist ein Orientierungszeichen, das hilft, sich in der Welt zurechtzufinden, die gleichzeitig mit ihrer überschäumenden Vielfalt von Sinneseindrücken, also auch akustischen Eindrücken unübersichtlich geworden zu sein scheint. Die hörbaren Signale helfen, einen Raum zu ordnen, der bei weitem nicht in allen Winkeln und Ecken einsehbar ist, der Raum einer Welt, die vor allem unsichtbar bleibt. Mithin ist die akustische Welt eine *unüberhörbare Welt.* Da machen die Geräusche und Klänge in der Natur (bzw. in dem Raum, der dann von dem der Natur entwundenen Menschen als Natur klassifiziert wird) zu denen in der Stadt zunächst noch kaum einen Unterschied. Der Unterschied beginnt, wo Töne komponiert werden, wo Geräusche und Klänge sozialisiert werden, wo also die Musikgeschichte als menschliche Weltgeschichte beginnt. Diese Geschichte ist aber nicht nur die Geschichte der Formung des Ton- und Klangmaterials, sondern vor allem die Geschichte der Bildung eines menschlichen Sinns, der in der Lage ist, Klangereignisse ästhetisch zu erfassen.[4]

Es ist ein weiter Weg, bis die sozialen Verhältnisse ein ihnen eigenes Rauschen entfalten, bis die Menschen dafür einen Sinn haben, bis dann die unheimlichen Geräusche kommen und auch dafür das Ohr empfänglich wird, bis der Lärm ebenso wie die Stille in den Städten unerträglich und doch ertragen wird und die im Laufe der Zeit ausgebildeten Sinne – so auch das Hören – wieder abstumpfen. Die urbanen Klangräume haben ihre soziale Phänomenologie ebenso wie ihre Sozialpsychologie: die Verfeinerung, ja Fragmentierung der Sinne, ihre Ästhetik und Anästhesie, die Progression und Regression sinnlicher Vermögen ist von der psychophysischen Konfiguration des Subjekts nicht zu trennen. In den dunkelsten Ecken der Riesenstädte wird vor lauter Angst gepfiffen.

2.

Kunst ist ein soziales Verhältnis; Musik ist ein soziales Verhältnis; Klang ist ein soziales Verhältnis. Seit ein paar tausend Jahren haben solche sozialen Verhältnisse ihren Ausdruck in den städtischen Lebenszusammenhängen; seit kaum mehr als eineinhalb Jahrhunderten sind

4 Vgl. Karl Marx: Ökonomisch-philosophische Manuskripte. In: *Marx-Engels-Werke* (*MEW*), Bd. 40. Berlin: Dietz 1968, S. 465– 588, hier S. 541–542.

solche Verhältnisse durch das Urbane geprägt. Die als Urbanisierung gefassten Entwicklungen sind mit der Transformation der sozialen Verhältnisse selbst verkoppelt. Mit den modernen Großstädten, den Metropolen, schließlich Megalopolen und urbanen Zonen entfaltet sich überhaupt erst das, was heute selbstverständlich als ‚Gesellschaft' bezeichnet wird; im ideologischen Spannungsfeld von Masse und Individuum konstituiert sich der Mensch, seinem Wesen nach ohnehin „Ensemble der gesellschaftlichen Verhältnisse"[5], als politisches Subjekt, genauer: als politisch-ökonomisches Subjekt, in seiner konkreten Situation durch die Klassenlage bestimmt, nämlich durch die Stellung im Produktionsprozess. Soziale Verhältnisse sind Produktionsverhältnisse; die bürgerliche Gesellschaft ist in ihren Vor- und Zerfallsformen von der Renaissance bis in die Gegenwart – kapitalistische Gesellschaft. Erst im 19. Jahrhundert werden die modernen Subjekte – nach den Modellen einer bürgerlichen Lebensweise – als Volk, dann im Kontext von Industrialisierung und Urbanisierung als *Bevölkerung* organisiert bzw. orientiert. Das führt die Vergesellschaftung des Menschen in zwei Richtungen: einerseits die Verdichtung der sozialen Verhältnisse als Kollektivierung, also Vermassung oder Formierung der Masse, andererseits die Segmentierung und Parzellierung der Lebenszusammenhänge, beziehungsweise Individuierung und Individualisierung der Subjekte.[6] Die Dialektik von Sozialität und Subjektivität ist wesentlich durch Herrschaft, Gewalt, Entfremdung bestimmt.

Die Ordnung der Klänge, die Musik, wird vergesellschaftet, die Gesellschaft wird kulturalisiert: überhaupt entfaltet sich Kultur im Widerspruch von Tradition und Verbesserung der Lebensweisen, wird zu einem „*whole way of life*" – als „*struggle*".[7] Das rahmt auch das ‚Leben' der einzelnen Künste. So etwa das Musikleben, das nun nicht mehr nur aus der abstrakten Ausgestaltung von Komposition und Interpretation besteht, sondern ein vitaler Zusammenhang ist, der das

5 Vgl. Karl Marx: Thesen über Feuerbach. In: *MEW*, Bd. 3. Berlin: Dietz 1969, S. 5–7, hier S. 6.

6 Wörtlich versteht Peter Brückner diese Orientierung der Bevölkerung im 19. Jahrhundert als „Ostung"; vgl. Peter Brückner: *Psychologie und Geschichte,* Berlin: Wagenbach 1982, S. 155ff., hier S. 207.

7 Dieser von T. S. Eliot geprägte Kulturbegriff wird durch Raymond Williams in den 1950er Jahren zum konzeptionellen Ausgangspostulat der Cultural Studies. Davon ausgehend definierte E. P. Thompson dann 1961 Kultur als „whole way of struggle".

Ästhetische und das Künstlerische öffentlich macht: das Konzertleben ist nun weit mehr als die musikalische Darbietung und umfasst die Selbstinszenierung eines (bürgerlichen) Publikums, die Mode, das Zur-Schau-Stellen von Bildung und Wohlgefallen, die Konversation in den Pausen, die Garderobe etc. Das Musikleben als Geistesleben vermischt sich mit dem Vergnügen, das ästhetische Geschmacksurteil wird zur Unterhaltung.[8] Musik dringt in den Alltag ein, bestimmt ihn zunehmend, wird zur Architektur des urbanen Klangraums. Kontrastiert wird das durch die Industrie, den Lärm der Fabriken wie auch den Lärm der Stadt selbst.[9] So verändert sich im neunzehnten Jahrhundert mit der allgemeinen Stadtkultur auch die allgemeine Musikkultur: Die Tanzlokale, Cafés, Kneipen werden von neuen Maschinen wie Orchestrion oder Walzenpiano, später Lochgrammophon und Grammophon beschallt; in der Nachbarschaft ist die Drehorgel zu hören; singend ziehen die Leute durch die Straßen – sie haben sich in einer der vielen *Music Halls* amüsiert[10] oder in einem der zahlreichen Musik- und Gesangsvereine getroffen. Untrennbar mit der Urbanisierung verbunden, entsteht der moderne, bürgerliche Kunst- und Musikbetrieb, entstehen die großen Museen, die Konzert-, Opern- und Operettenhäuser. Das öffentliche Musikleben spiegelt sich im Privaten, zumindest in den Privaträumen der Wohlhabenden wider: das Klavier wird zum Möbel, zum Einrichtungsgegenstand in der guten Stube, wenn nicht der Platz es erlaubt, eigens ein Musikzimmer herzurichten. Für das gut situierte Bürgertum gehört das Musizieren zum Wohnen. Peter Wicke fasst diese Entwicklung urbaner Klangräume in seiner *Kulturgeschichte der Popmusik* zusammen:

8 Damit verschiebt sich auch die klare Trennung zwischen einem ‚objektiven' ästhetischen Urteil und dem ‚privaten' Geschmacksurteil. Zudem wird das bürgerliche – seinem eigenen Ideal nach – kulturräsonierende Publikum zum kulturkonsumierenden Publikum; vgl. Jürgen Habermas: *Strukturwandel der Öffentlichkeit.* Darmstadt / Neuwied: Luchterhand 1962, S. 193ff.

9 Nicht zu vernachlässigen ist der vor allem durch Pferdekutschen bedingte Verkehrslärm in den Straßen. – Freilich gab es auch schon in vorkapitalistischen Zeiten laute Orte: sicherlich bereits in der Antike der Markt und die Arena; schon im Mittelalter sind die Kirchen von lautstarken Klängen erfüllt (Kirchengesang war oft ein einziges Gebrüll …); dann kommen die Mühlen, deren mechanische Geräusche oft als – auch bedrohlicher, unheimlicher – Lärm wahrgenommen wurden („Es klappert die Mühle am rauschenden Bach …").

10 Zu den Music Halls vgl. Dieter Prokop: *Der Kampf um die Medien. Das Geschichtsbuch der neuen kritischen Medienforschung.* Hamburg: VSA 2001, S. 226ff.

> Die Klangwelt der Musik und die Alltagswelt der Menschen gingen eine nie gekannte Symbiose ein, die weitreichende Folgen haben sollte. Musik verwandelte sich in einen unverzichtbaren Bestandteil des Alltags, machte ihn lebbar, auf eine attraktive Weise sinnlich erfahrbar, beschleunigte seinen Rhythmus oder verlangsamte ihn, strukturierte den täglichen Zeitplan, schuf Phasen der Abgeschiedenheit, der Geselligkeit, der Zweisamkeit, ebnete der Imagination einen Weg und ließ Träume zwar nicht Wirklichkeit, aber eben Klang werden [...] Die Bürgertochter am Piano, das Fräulein an der Schreibmaschine, der Angestellte im Kontor, aber auch der Proletarier an der Werkbank, sie alle bewegten sich in ihrem Alltag nun auch in einer jeweils charakteristischen Klangwelt, die ihre Selbsterfahrung und Selbstwahrnehmung organisierte und strukturierte.[11]

Überdies bringt die Urbanisierung ihre ganz eigenen Klänge hervor, entsteht mit der modernen Großstadt auch eine moderne, großstädtische Geräuschkulisse, sind die Viertel vom Lärm erfüllt, den man schnell als ‚typisch urban' identifizieren wird. Die sozialen Verhältnisse sind also auch technische Verhältnisse. Der Urbanisierungsprozess ist über Technik und Technologie vermittelt. Die Industrialisierung erfasst die Musik und hat ihre eigenen Geräusche, die mehr oder weniger gefiltert in die Musik eingespeist und in künstlerisches Material verwandelt werden.

In der modernen Großstadt konzentrierten und zerstreuen sich die Klänge, ordnet sich die Musik und das Nichtmusikalische in verschiedenen Aufmerksamkeitsebenen: Hintergrundklänge und Vordergrundklänge, Nebengeräusche und zentrale Signaltöne, Musik im öffentlichen Raum und Musik im privaten Raum. Urbane Klangräume sind bestimmt von Atmosphären der Attraktion und der Distraktion. Amüsement und Elend bekommen ihren Soundtrack. Gerade im Bereich der mit Musik verbundenen Künste, vom Konzert über die Operette bis später zum Rundfunk und Tonfilm, tritt in besonderer Weise die Verschränkung von Hochkultur und Massenkultur bzw. Hochkultur *als* Massenkultur (*und umgekehrt*) hervor (und das, obwohl ja die zum Teil bis heute aufrecht gehaltene Scheidung der Sphären E und U insbesondere für die Musik und Musikähnliches gelten soll).

Die urbanen Klangräume sind Komplexionen von Musik, Lärm, Geräusch – plus einer Fülle von Rückkopplungen, Verkopplungen, Überlagerungen, Verlagerungen, Verzerrungen dieser Klänge: sie

11 Peter Wicke: *Von Mozart zu Madonna. Eine Kulturgeschichte der Popmusik*. Frankfurt am Main: Suhrkamp 2001, S. 23–24.

verdichten und vermehren sich, sie konzentrieren und zerstreuen sich, sie werden zum *Sound*. Sound ist insofern Klang, der immer schon im urbanen Raum situiert und durch den urbanen Raum konstituiert ist. Sound ist auch in seiner physischen Struktur nur als gesellschaftliches Verhältnis zu fassen. Anders gesagt: Sound ist *Ausdruck gesellschaftlicher Verhältnisse der Urbanität*, und das heißt eben spezifischer gesellschaftlicher Verhältnisse, die wiederum genau durch eben diese Komplexion urbaner Klangräume charakterisiert sind. Soziale Verhältnisse sind dialektische Verhältnisse.

3.

Dass die Städte ihre besonderen Sounds haben und dass ein Sound mit einer besonderen Stadt verbunden ist, gehört zur Ideologie des Urbanismus. Die reziproke Beziehung zwischen Stadt und Sound ist technisch vermittelt, und das Technische wird selbst zum Vermittelnden, zum Medium.

Selbst noch Mahlers Sinfonien, ob sie nun in Hamburg, Wien oder New York aufgeführt wurden, bleibt das Urbane äußerlich – der Klang ist Alpenlandschaft, ist wie ein Panorama der in die Stadt geholten Natur. Dasselbe gilt für Gospel-Gesänge, auch wenn sie in die Städte geholt werden. Erst mit den neuen Klangerzeugungs- und Reproduktionstechniken, mit Grammophon und Radio, bekommen die Städte ihren Sound, ihren stadttypischen Sound; also mit einer Technik, deren Apparatur eigentlich genau das Gegenteil erlaubt, nämlich eine ortsunabhängige Bewegung der Töne, der Klänge, der Musik.

Die Industrialisierung des Lebens, die im bürgerlichen Zeitalter des 19. Jahrhunderts ihren Ausdruck in der Massenkultur fand, verdichtet sich in der ersten Hälfte des 20. Jahrhunderts in der Kulturindustrie – die Industriegesellschaft wird zur Kulturindustriegesellschaft. Die urbanen Klangräume werden mehr und mehr durch Techniken geprägt, die es durch verschiedene Apparate und Mechanismen möglich machen, einen bestimmten Sound (eine Musik, ein Musikstil, einen Vorrat von Melodien, auch Geräusche, Klänge wie Glocken, ein Hafen etc.) an eine bestimmte Stadt so zu koppeln, dass *Images* (d. i. ein Vorrat technisch verfügbarer Bilder) *erzeugt* werden (nämlich nicht einfach nur *aufgenommen* werden); gleichzeitig funktionieren dieses Images deshalb, weil sie in ihrer technischen Form gerade nicht an besondere Städte und ihre je besondere Klangvielfalt gebunden sind.

Zum Sound gehört seine strukturelle Entkopplung vom spezifischen Ort; das ermöglicht die technische Reproduzierbarkeit, die es wiederum ebenso erlaubt, einen Sound ortsspezifisch zu produzieren. Die Sound produzierenden und reproduzierenden Techniken bestimmen fortan nicht nur die Atmosphäre urbaner Klangräume (*ab jetzt hört man in den Städten Autolärm und Grammophonmusik*), sondern konstituieren selbst einen neuen urbanen Klangraum (*dass man ab jetzt Autolärm und Grammophonmusik hört, charakterisiert einen Sound, der mit dem Bild der Stadt assoziiert wird*).

4.

Die Ausgestaltung urbaner Klangräume ist wesentlich von den sozialen Rückkopplungen zwischen der Entwicklung (nicht nur) auditiver Reproduktionstechniken und der Funktionalisierung des städtischen Raums abhängig. Die Erfindung von Grammophon, Telefon, Telharmonium,[12] Radio, Tonfilm (‚Sprechfilm') und einer ganzen Reihe elektrischer und elektroakustischer Musikinstrumente (Röhrenverstärker, Hammondorgel, Wurlitzerorgel etc.) gehen mit der architektonischen Formalisierung des urbanen Raums einher – vom 1896 durch Louis Sullivan berühmt gewordenen Prinzip ‚Form follows Function' bis zum Konzept der funktionalen Stadt, das 1933 von Le Corbusier als ‚Charta von Athen' formuliert wurde. Seine Entsprechung hat das in der allgemeinen Ausweitung der kapitalistischen Verwertungslogik in die alltäglichen Lebensbereiche.

Die Urbanisierung und Industrialisierung des 19. Jahrhunderts setzt sich in der ersten Hälfte des 20. Jahrhunderts als Konsumvergesellschaftung und Kulturindustrialisierung in den Metropolen und großstädtischen Agglomerationen fort. Der Fetischcharakter der Ware, den Marx 1867 im ersten Band des *Kapitals* noch als „das gesellschaftliche Verhältnis der *Produzenten* zur Gesamt*arbeit* als ein außer

12 Das Telharmonium gilt als erstes elektromechanisches Musikinstrument und wurde von Thaddeus Cahill 1897 entwickelt: Das 200 Tonnen schwere Gerät konnte über die Telefonleitung Musik übertragen; die Klanggeneratoren funktionierten nach demselben Prinzip wie später die Tonerzeugung bei der Hammond-Orgel. Vgl. Mark Vail: *The Hammond Organ. Beauty in the B*. San Francisco: Miller Freeman 1997, S. 36.

ihnen existierendes gesellschaftliches Verhältnis von Gegenständen"[13] erklären konnte, hat sich mit der Kommodifizierung vollends auf die Waren als Konsumgüter übertragen: als das gesellschaftliche Verhältnis der *Konsumenten* zum *Gesamtkonsumangebot* als ein außer ihnen existierendes gesellschaftliches Verhältnis von Gegenständen. Die (technischen) Verfahren der Standardisierung werden von der Produktion auf die Reproduktion übertragen; als Konsumgüter werden die Waren dabei in ein Schema eingepasst, wonach im Konsum ein Produkt individuell angeeignet werden kann, obwohl es zu den anderen gleichen Produkten keinen Unterschied gibt.

Henry Ford hat das Prinzip des Schematismus noch als Witz formuliert, als er sagte, jeder Kunde könne einen Ford in jeder Farbe haben, Hauptsache er sei schwarz.[14] Mit der Verwandlung der Gebrauchsgüter in *Kultur*waren wird daraus das Programm der modernen, fordistischen Konsumgesellschaft: Gerade die serielle Massenfertigung der Produkte wie auch ihre massenökonomische Konsumption erlaubt es, scheinbar paradox, die standardisierte Einzelware als persönliches Unikat zu konsumieren und sie sogar als Element in die ‚eigene Persönlichkeit' zu integrieren.

Das gelingt in der Frühphase der Kulturindustrie vor allem im Bereich der Musik, die in Form von Notenblättern, so genannte *Sheet Music*, als Schlager massenhaft Verbreitung findet. Produziert wird diese Musik vor allem in New York in der berühmten Tin Pan Alley, „in der Zeit von ungefähr 1890 bis zur Mitte des 20. Jahrhunderts das unbestrittene Machtzentrum der amerikanischen Musikindustrie."[15]

> Wollte man die Serienkompositionen von Tin Pan Alley mit Architektur vergleichen, so dürfte man nicht an die neusachlichen Serienbauten denken, sondern vielmehr an jene Einfamilienhäuser, die Alt- und Neuengland anfüllen: standardisierte Massenprodukte, die gerade den Anspruch standardisieren, dass jegliches Haus unverwechselbar, unique, eine Villa sei. Nicht die Standardisierung als solche macht jene Häuser aus dem neunzehnten Jahrhundert heute so gespenstisch, sondern die unablässige Wiederholung des Unwiederholbaren,

13 Karl Marx: *Das Kapital. Erster Band. MEW*, Bd. 23. Berlin: Dietz 1962, S. 86 (Hervorhebungen des Autors).

14 In seiner Autobiografie schreibt Henry Ford (mit Samuel Crowther: *My Life and Work*. New York: N. Y. Garden City 1923, S. 72): „Any customer can have a car painted any colour that he wants so long as it is black."

15 Vgl. Ernst Hofacker: *Von Edison bis Elvis. Wie die Popmusik erfunden wurde*. Stuttgart: Reclam 2012, S. 47ff.

> von Säulchen, Erkern, Treppchen und Türmchen […] Massenkultur ist mit ihrer eigenen Sachlichkeit inkompatibel.[16]

Verstärkt wird dieser Schematismus in der Standardisierung durch die weitere Entwicklung der Reproduktionstechniken, insbesondere durch das Radio. Das Radio virtualisiert die urbanen Klangräume, macht die realen Orte zu imaginären Orten. Das Radio überträgt Repräsentationen von der Welt ohne Präsenz. Schon in den Zwanziger Jahren setzt sich das Radio als populäres Massenmedium durch; gleichzeitig erzeugt es technisch eine neue Form des medial Populären: Das Publikum, das sich im 19. Jahrhundert in Bezug auf seine Klassenlage, also die Stellung im Produktionsprozess, als Subjekt und Objekt der Öffentlichkeit formiert, wird jetzt zu einem abstrakten Kollektiv, das Subjekt und Objekt als Sender und Empfänger doppelt vertauscht.[17] Die tayloristische Lehre, die Fabrikproduktion nach dem ‚*one best way*' zu rationalisieren, wird in den technischen Reproduktionsmedien des Rundfunks konsequent umgesetzt: Das Sender-Empfänger-Modell ist technisch wie ökonomisch deshalb der *best way*, weil es ein *one way* ist, eine „Einbahnstraße".[18]

Die tendenzielle Allgegenwärtigkeit des Rundfunks macht ihn zum ersten totalen Medium: Dass der Rundfunk an alle sich richtet und gleichzeitig von den Einzelnen individuell empfangen wird, kennzeichnet seine Ideologie – tatsächlich fungieren ‚Masse' wie ‚Individuum' nur als technische wie ökonomische Stellgröße (‚Quote'); das

16 Theodor W. Adorno: Das Schema der Massenkultur. In: Ders.: *Gesammelte Schriften*, Bd. 3. Frankfurt am Main: Suhrkamp 1981, S. 299–335, hier S. 317.

17 Die Sphäre der Öffentlichkeit konstituiert sich als objektive gesellschaftliche Instanz durch die öffentlich agierenden Subjekte. Das Publikum demonstriert damit gesellschaftliche Macht; das politische Vermögen, Öffentlichkeit herstellen zu können, ist eine Form bürgerlicher Herrschaft, die sich in der Sphäre der Öffentlichkeit selbst manifestiert. In den technischen Massenmedien verflüssigt sich diese Herrschaft, sie wird ‚unsichtbar'; ‚politisch' ist nicht mehr das Vermögen, Öffentlichkeit herzustellen, sondern sich rezeptiv in die Öffentlichkeit einzuklinken, d. h. am Informationsfluss *teilzunehmen*. Öffentlichkeit ist nunmehr das, was gesendet wird, und die Sendenden sind die Subjekte, die nun die Verfügungsgewalt über ‚das Öffentliche' haben. Das Publikum als Empfänger wird damit zum Objekt der Öffentlichkeit.

18 Vgl. Hans Magnus Enzensberger: Baukasten zu einer Theorie der Medien. In: *Kursbuch* 20 (März 1970), S. 156–186; ebenso Bertolt Brecht: Der Rundfunk als Kommunikationsapparat. Rede über die Funktion des Rundfunks. In: Ders.: *Werke. Große kommentierte Berliner und Frankfurter Ausgabe*, Bd. 21. Berlin / Weimar / Frankfurt am Main: Aufbau / Suhrkamp 1992, S. 552–557.

totale Medium Radio erzeugt gesellschaftliche Totalität als Image und die totale Gesellschaft als Spektakel.[19]

Der technische Raum des Radios, der Äther, ersetzt den politischen Raum der Stadt. In Amerika und Europa etabliert sich der Rundfunk in derselben Zeit, in der ein *Urbanism as a Way of Life*[20] vom Klassenkampf und der Auseinandersetzung mit dem Staat entkoppelt wird.[21]

Was Benjamin als ‚Ästhetisierung der Politik' beschreibt, lässt sich auch für den Rundfunk konstatieren: „Die Massen haben ein Recht auf Veränderung der Eigentumsverhältnisse."[22] Wie bei den Aufmärschen bekommen ‚die Massen' auch im Radio lediglich einen ‚Ausdruck in ihrer Konservierung'; doch abgesehen von der faschistischen Propaganda, welche die HörerInnen vor den Geräten als Volksgemeinschaft adressiert, repräsentiert das Radio ‚die Massen' durchaus demokratisch, agitiert die HörerInnen als Individuen. Indes ist solche Demokratisierung von den gesellschaftlichen Produktionsverhältnissen abgezogen; demokratisiert wird die Reproduktionssphäre, der Konsum, das Angebot der Kulturwaren, also auch die Radiosendungen, die Radioapparate, schließlich die Ausstattungen von Lebensweisen, die fürs Radiohören Bedingung sind.

Das Radio wird zur Reklame für die Welt, wie sie ist. Die verschiedenen Dispositionen des Urbanen werden zu Bildern, und das sind über den Rundfunk vermittelt eben auch Klangbilder. Kraft solcher Bilder gelingt es zumindest scheinbar, den abstrakten Raum an sich zum konkreten Raum für sich zu machen. Das Radio liefert mit seinem

19 Vgl. dazu Daniel J. Boorstin: *Das Image. Der Amerikanische Traum* [1961]. Reinbek: Rowohlt 1987, S. 246ff.; Guy Debord: *Die Gesellschaft des Spektakels* [1967]. Berlin: Edition Tiamat 1996.

20 Vgl. Louis Wirth: Urbanism as a Way of Life. In: *The American Journal of Sociology* 44,1 (1938), S. 1–24.

21 Dokumente und Berichte über die Arbeiter-Radio-Bewegung in der Weimarer Republik finden sich in Eberhardt Droste / Jutta Hercher / Gerd Roscher / Walter Uka: *Ich möcht' einmal am Sender steh'n*, Material 43. Hamburg: HbK (FB Visuelle Kommunikation) 1981. Lakonisch heißt es ebd., S. 4: „Mit der Etablierung des offiziellen Rundfunks im Jahre 1927 war der Kampf um das neue Medium verloren. Die Arbeiterschaft war von der Möglichkeit eigener Sender und einer umfassenden Programmgestaltung ausgeschlossen."

22 Walter Benjamin: Das Kunstwerk im Zeitalter seiner technischen Reproduzierbarkeit. In: Ders.: *Gesammelte Schriften*, Bd. VII.1. Frankfurt am Main: Suhrkamp 1974, S. 350–384, hier S. 382. Benjamin schreibt an dieser Stelle durchweg im Plural „die Massen".

Sound die Koordinaten, um sich individuell in einem urbanen Raum orientieren zu können, der zugleich durch das Radio entgrenzt wurde. Die Technik der verwalteten Welt verzaubert sie zugleich. Die ästhetische Vergrößerung des Urbanen wird durch eine soziale Verkleinerung des Urbanen konterkariert: Im isolierten Zimmer konzentriert sich schließlich der Sound der Stadt.

5.

In den 1950ern erscheinen die ersten Rock'n'Roll- und Soul-Aufnahmen auf Langspielplatte, produziert übrigens nicht selten eher in kleineren US-amerikanischen Städten (The Federal Records in Cincinnati, Sun Records in Memphis etc.). Über Schallplatten, Radio, Jukeboxes und Kino kommt die neue Musik in die Metropolen.

Im August 1956 findet in London eine Ausstellung mit dem Titel *This is Tomorrow* statt. Der Blick in die Zukunft, den die Ausstellung bietet, zeigt eine behagliche Überflussgesellschaft großstädtischer Lebensweise. Berühmt ist das Poster, das Richard Hamilton für die Ausstellung fertigte, eine Collage mit dem Titel: *Just what is it that makes today's homes so different, so appealing?*. Zu sehen ist ein neuer urbaner Klangraum, dessen Architektur und Einrichtung fortan den modernen wie später dann auch postmodernen Alltag bestimmen soll: ein Wohnzimmer, ausstaffiert mit verschiedensten Gegenständen, die eben das Leben so anders, so reizvoll machen. Die wichtigsten Gegenstände haben unmittelbar oder mittelbar etwas mit dem Sound des Urbanen zu tun: ein Fernsehapparat, ein Tonbandgerät; im Hintergrund ein elektrischer Staubsauger. Der Blick aus dem Fenster ist ein historischer Rückblick: Ein Schwarzweißfoto zeigt das Kino am Time Square in New York, in dem 1927 der erste abendfüllende Tonspielfilm *The Jazz Singer* Premiere hatte.

Auch auf der Collage von Hamilton zu sehen: ein Dauerlutscher mit der Aufschrift ‚Pop', wonach dann die Bezeichnung ‚Pop-Art' gebildet wurde, die sich bis Mitte der sechziger Jahre als allgemeine Signatur durchsetzt: Die Rede ist dann von Popkultur, deren Leitkunst die Popmusik in all ihren Varianten und Variationen wird.

Popmusik ist weitaus mehr als eine auditive Komplexion: Gerade das Musikalische der Popmusik ist wesentlich visuell vermittelt; das akustische Design des Pop ist strukturell mit optischen Zeichen verkoppelt – anders gesagt: *die symbolische Ordnung der Popmusik ist immer auch sichtbar*. Sound ist Image, Pop ist Spektakel.[23]

Der urbane Klangraum affiziert mehr als nur das Hören. Mit dem Pop wird die Ästhetisierung der Politik zu einer Synästhetisierung des Politischen unter der Vorherrschaft des Auges (Martin Jay hat das als skopisches Regime der Moderne bezeichnet;[24] dieses Regime ist von der Entwicklung urbaner Lebensweisen freilich nicht zu trennen). Wesentlich sind damit aber auch haptische Motive, die physische Bewegung, das Taktische beziehungsweise Taktile.

Der Modus dieser Synästhetisierung ist nicht Konzentration oder Kontemplation, sondern Zerstreuung. Die Wahrnehmung zielt nämlich nicht auf die Erfassung der Einheit der Sinneseindrücke, also nicht auf eine „Rezeption"[25] (die Straße, die Autos, der Straßenlärm, die Menschen, die Frage, ob ich Feuer habe, die Musik, die eindeutig von dahinten kommt, etc.), sondern ist immer wieder mit der Notwendigkeit einer für das urbane Leben *als urbanes Leben* (wenn man nämlich nicht immer wie ein alertes Tier durch die Stadt ziehen will) *apperzeptiven Flexibilität* konfrontiert, um für die phänomenologische Differenz völlig unterschiedlicher Sinneseindrücke offen zu bleiben.

6.

Die materiellen Bedingungen sozialer Verhältnisse selbst steuern diesem konkreten Materialismus entgegen, verkehren ihn abstrakt zur Ideologie eines billigen Idealismus, wonach die Welt mit den allenthalben technisch reproduzierten Images identifiziert wird.[26] Das ist Ideologie nach dem idiotischen Schema: „Was wir über unsere

23 Wirth: Urbanism as a Way of Life, S. 1ff.

24 Vgl. Martin Jay: Scopic Regimes of Modernity. In: Hal Foster (Hrsg.): *Vision and Visuality*. Seattle: Wash Bay 1988, S. 2–23.

25 Vgl. Benjamin: Kunstwerk, S. 381.

26 Theodor W. Adorno und Max Horkheimer haben das als Schematismus der Kulturindustrie analysiert: Theodor W. Adorno / Max Horkheimer: *Dialektik der Aufklärung*. In: Theodor W. Adorno: *Gesammelte Schriften*, Bd. 3. Frankfurt am Main: Suhrkamp 1981, S. 144ff. (vgl. dazu auch über Immanuel Kants *Schematismus des reinen Verstandes*, ebd., S. 101). Ein ähnlicher Befund findet sich dann unter der Überschrift „Die Welt als Phantom und Matritze" bei Günther Anders: *Die Antiquiertheit des Menschen. Über die Seele im Zeitalter der zweiten industriellen Revolution*. München: Beck 1956, S. 97–211.

Gesellschaft, ja über die Welt, in der wir leben, wissen, wissen wir durch die Massenmedien."[27]
Ideologie ist nicht mehr nur der verkehrte Schein nach dem alten technischen Bild der Camera obscura,[28] sondern gleichsam analog zum Funktionsprinzip der modernen Reproduktionstechniken die bloße Verdopplung der Realität: „Die Realität, in der wir leben, diese uns aufgedrängte antagonistische Realität tendiert dazu, zu ihrer eigenen Ideologie zu werden."[29] Die Realität ist die verwaltete Welt, die Gesellschaft des Spektakels.
Guy Debord:

> Das Spektakel stellt sich als eine ungeheure, unbestreitbare und unerreichbare Positivität dar. Es sagt nichts mehr als: ‚Was erscheint, das ist gut; und was gut ist, das erscheint.' Die durch das Spektakel prinzipiell geforderte Haltung ist diese passive Hinnahme, die es schon durch seine Art, unwiderlegbar zu erscheinen, durch sein Monopol des Scheins, faktisch erwirkt hat.[30]

Und:

> Das Spektakel als Tendenz, durch verschiedene spezialisierte Vermittlungen die nicht mehr unmittelbar greifbare Welt *zur Schau zu stellen*, findet normalerweise im Sehen den bevorzugten menschlichen Sinn, der zu anderen Zeiten der Tastsinn war; der abstrakteste und mystifizierbarste Sinn entspricht der verallgemeinerten Abstraktion der heutigen Gesellschaft. Das Spektakel [...] ist das Gegenteil des Dialogs. Überall, wo es unabhängige Vorstellung gibt, baut sich das Spektakel wieder auf.[31]

Statt also kraft des konkreten Materialismus die Sinnlichkeit als Praxis zu aktivieren, reduziert das Spektakel tendenziell die Apperzeption auf Rezeption, auf passiven Konsum. Die Möglichkeit synästhetischer

27 Niklas Luhmann: *Die Realität der Massenmedien.* Opladen: Westdeutscher Verlag 1996, S. 9.

28 Vgl. Karl Marx / Friedrich Engels: *Die deutsche Ideologie.* In: *MEW*, Bd. 3. Berlin: Dietz 1958, S. 18–50, hier S. 26: „Wenn in der ganzen Ideologie die Menschen und ihre Verhältnisse wie in einer Camera obscura auf den Kopf gestellt erscheinen, so geht dies Phänomen ebensosehr aus ihrem historischen Lebensprozess hervor, wie die Umdrehung der Gegenstände auf der Netzhaut aus ihrem unmittelbar physischen."

29 Theodor W. Adorno: Philosophische Elemente einer Theorie der Gesellschaft. In: Ders.: *Nachgelassene Schriften.* Abt. IV: Vorlesungen, Bd. 12, hrsg. v. Tobias ten Brink / Marc Phillip Nogueira, Frankfurt am Main: Suhrkamp 2008, S. 7–217, hier S. 207.

30 Debord: *Gesellschaft des Spektakels*, S. 17.

31 Ebd., S. 19.

Wahrnehmung wird durch die Wirklichkeit atomistischer bzw. atomisierter Wahrnehmung kontaminiert. Theodor W. Adorno hat das in Bezug auf die Musik als „Regression des Hörens“ beschrieben;[32] komplementär ist diese Regression der Fetischisierung des Klangmaterials, die umso energischer sich darstellt, je mehr ökonomische Entwicklung und technologische Entwicklung ineinandergreifen.

Im Übergang von den sechziger zu den siebziger Jahren, schließlich dann achtziger Jahren des letzten Jahrhunderts spiegelt sich das in einer Reihe von Neuerungen, die Arbeit und Freizeit immer durchgreifender bestimmen: Die Erfindungen im Bereich der Informations- und Computertechnologie, die Automatisierung der Fabrik, die Erfindungen im Bereich der Unterhaltungs- und Haushaltselektronik verwandeln Öffentlichkeit und Privatleben, das gesamte Alltagsleben nachhaltig.

Schon 1948 bringt Columbia die Langspielplatte aus PVC auf den Markt, 1957 folgt die erste Stereo-Schallplatte.[33] Durch die Verbesserung der Stereofonie in den sechziger Jahren lässt sich jetzt beinahe perfekt ein räumlicher Schalleindruck technisch reproduzieren. 1963 produziert Philips den ersten Kassetten-Recorder (EI 3300; von AEG gab es bereits 1951 das erste Heimtonbandgerät, das Magnetophon KL 15). Die weitere Entwicklung ist legendär: Ende der Siebziger bzw. Anfang der Achtziger kommen der Sony Walkman[34] und zahlreiche Boombox-Modelle – der sogenannte Ghettoblaster – auf den Markt. Der urbane Raum als akustischer Raum wird nun in völlig neuer Weise fassbar und erlebbar: Innen und Außen, Expansion und Verknappung des Raums, soziale Räume, technische Räume, emotionale Räume etc. changieren, Ort und Lage innerhalb (städtischer) Raumordnungen werden variabel, Sound kann transportiert, aber auch fixiert werden. Das Taktile verbindet sich mit der Wahrnehmung; diese Möglichkeit der Synästhesie zu reflektieren, wäre kritische Praxis.

32 Vgl. Theodor W. Adorno: Über den Fetischcharakter in der Musik und die Regression des Hörens. In: Ders.: *Gesammelte Schriften*, Bd. 14, S. 14–50.

33 Das US-amerikanische Label Audio Fidelity Records veröffentlichte 1957 die erste Stereo-Schallplatte in größerer Auflage: Auf der A-Seite spielten die Dukes of Dixieland, auf der B-Seite waren Eisenbahngeräusche zu hören.

34 Vgl. dazu den sehr instruktiven Essay Christian W. Thomsen / Angela Krewani / Hartmut Winkler: Der Walkmann-Effekt. Neue Konzepte für mobile Räume und Klangarchitekturen. In: *Daidalos. Architektur · Kunst · Kultur* 36 (1990), S. 52–61.

Die kapitalistische Ökonomie des Raums verhindert das strukturell:

> Die Stadt, das Urbane, ist zugleich ein neutralisierter, homogenisierter Zeit-Raum, ein Zeit-Raum der Indifferenz und zunehmenden Absonderung von Stadt-Ghettos, Aussonderung von Stadtvierteln, Rassen und bestimmten Altersklassen: zerstückelter Raum distinktiver Zeichen. Jede Tätigkeit, jeder Augenblick des täglichen Lebens ist durch vielfältige Codes einem bestimmten Zeit-Raum zugeordnet.[35]

Das heißt, so Jean Baudrillard: „Die Matrix des Urbanen ist nicht mehr die der Realisierung einer Kraft (der Arbeitskraft), sondern die der Realisierung einer Differenz (der Operation des Zeichens)."[36] Mit den verschiedenen Formen der Graffiti wird diese symbolische Ordnung der Codes subvertiert; in den *Tags*, die damals schon, Ende der siebziger Jahre, überall an den Häuser- und U-Bahn-Wänden in New York zu finden waren, entdeckt Baudrillard einen Aufstand der Zeichen.

Dieser Aufstand hat seinen Sound, der in unterschiedlichen akustischen, optischen und taktilen Dimensionen als ‚Wild Style'[37] seine eigene Synästhetik des urbanen Raums schafft.

Zum Beispiel *Flashdance*,[38] Pittsburgh, Anfang der achtziger Jahre. Die junge Stahl-Arbeiterin Alex möchte Ballett-Tänzerin werden. Sie tanzt vor: in der Ballettschule, wo sie aufgenommen werden möchte, in der Bar, wo sie die Männer mit ihren geschmeidigen Bewegungen unterhalten soll. Einmal geht sie mit ihrer Freundin durch ihre Nachbarschaft, eine marode, unwirtliche Wohngegend. Auf der Straße vor ihnen tanzt ein Junge in merkwürdigen, mechanischen Bewegungen,

35 Jean Baudrillard: *Kool Killer oder Der Aufstand der Zeichen*. Berlin: Merve 1978, S. 19.

36 Baudrillard: *Kool Killer*, S. 20. Vorher heißt es ebd., S. 20: „Wir leben nicht mehr in einer von roten Gürteln aus Fabriken und an der Peripherie gelegenen Arbeitersiedlungen umgebenen Stadt. In jene Stadt schrieb sich noch, im Raum selbst, die historische Dimension des Klassenkampfes ein, die Negativität der Arbeitskraft, eine irreduzible gesellschaftliche Besonderheit. Heute ist zwar die Fabrik als Modell der Vergesellschaftung durch das Kapital nicht verschwunden, aber in der allgemeinen Strategie tritt sie ihren Platz ab an die gesamte Stadt als Raum des Codes." Und dann ebd., S. 21: „Die Stadt ist nicht mehr das politisch-industrielle Vieleck, das sie im 19. Jahrhundert gewesen ist – heute ist sie ein Vieleck aus Zeichen, Medien und Codes. Infolgedessen liegt ihre Wahrheit nicht mehr in einem geographischen Ort wie der Fabrik oder etwa dem traditionellen Ghetto. Ihre Wahrheit, Einschließung in die Zeichen/Form, ist überall."

37 Mit Fab 5 Freddy, Grandmaster Flash, Lee Quiñones, Lady Pink u. a., Regie: Charlie Ahearn, USA 1983.

38 In der Hauptrolle Jennifer Beals als Alex Owens, Regie: Adrian Lyne, USA 1983.

mit weißen Handschuhen, wie eine Puppe. Sie bleiben stehen. Aus einer großen Boombox kommt *It's just begun* von The Jimmy Castor Bunch; einer mit Regenschirm kommt ins Bild, tanzt auch, einer dreht sich dann auf seinen Schultern – Breakdance, mit allen Figuren und Moves, inklusive Headspin und Moonwalk. Es versammeln sich nach und nach weitere ZuschauerInnen, ein paar Kinder, ein älteres Pärchen, Jugendliche. Die Leute sind begeistert, klatschen im Rhythmus der Musik. Am Ende sind es vier oder fünf Jungs: die Rock Steady Crew, die übrigens mit dieser Szene den Breakdance weltberühmt machte.

Dieses Bild verspricht, dass die passive, passivierende Ordnung durchbrochen werden kann, dass zumindest für den Moment eine subversive Praxis möglich ist, die über den Sound eine ganz andere Idee, fast möchte man sagen: konkrete Utopie der Stadt jenseits des kapitalistischen Urbanismus erfahrbar macht. Gleichwohl passiert das beiläufig, im Modus von Gewöhnung und Zerstreuung.

Das Gegenstück dazu ist MTV. Am 1. August 1981 geht der Musiksender in den USA auf Sendung. Die erste Stunde: Zu Bildern der Mondlandung der Satz „Ladies and Gentlemen – Rock'n'Roll!“, ab dann bestimmt konventionelle, mitunter gut gemachte Popmusik das Programm: *Video killed the Radio Star* von The Buggles.

Nach dem Buggles-Video und einer ersten Bildstörung gibt es MTV-Eigenwerbung: Gebirge, Wald, Vögel in den Bäumen … „In the beginning was the music, but there was no one around to hear it.“ Alte Schwarzweißfilmaufnahmen von einem Tanzwettbewerb, Jazzmusik. „As population grew in numbers, music grew in popularity. Man invented the radio. And the phonograph.“ Dazu das Bild von einer Familie, die die Ansprache eines Präsidenten vorm Radio hört. „High-fidelity made quite a splash, but it was full stereo sound that made the explosion.“ Man hört eine Explosion, Ausschnitt aus einem Pat Benatar-Video. „Soon, television came along and gave us the gift of site, but it was cable that gave us the freedom of choice.“ Dazu tricktechnische Bilder von Fernsehern, Computerspiele-Ästhetik, man sieht die Landebahn eines Flugsimulators. „For a while it seemed there was nothing new on the horizon. Announcing the latest achievement in home entertainment. The power of sight, video and the power of sound. MTV music television.“ Dann geht es gleich weiter mit einem Video von Pat Benatar selbst: *You better run* – zu dem Buggles-Clip das absolute Gegenstück: Man sieht die Musikerin

mit Band in der Ecke einer leer stehenden Fabrik, fingierter Auftritt, ohne Geschichte, ohne Videotricks, einfach abgefilmt und ein bisschen hübsch hergemacht. Dann die erste Moderation: Allan Hunter sagt, dass er nach Mark kommt und die Musiknachrichten vorstellen wird. Dann kommt Martha Quinn, die verspricht, dass es nonstop Musik auf MTV gibt, „the newest component on your stereo system". Sie sitzt auf einem Barhocker in einem großen Raum, Fabrik-Loft als Studio: Ein Rennrad lehnt an der Wand, Dartscheibe im Hintergrund, eine Zimmerpflanze, eine Gitarre, später sieht man noch einen Tennisschläger und einen His-Masters-Voice-Hund im Regal. Es kommen Jay-Jay Jackson, Nina Blackwood und Mark Godman, der dann sagt: „This is it! [...] A new concept is born: The best of TV combined with the best of radio." Euphorisch verkündet er: „You will never look at music the same way again." Wir sind im New York der *Young Urban Professionals*. Das Taktile ist eliminiert, das Optische aufs Zuschauen reduziert – Glotzen und Staunen, um dabei zu bleiben und möglichst keinen der präsentierten Clips zu versäumen.
Mit dem Musikfernsehen wird ein urbaner Klangraum geschaffen, der das Urbane zugleich annulliert. Was bleibt ist die Disco, der Club, das Musikzimmer.

7.

Es gibt zwei Bücher von Diedrich Diederichsen, die explizit vom Zusammenhang zwischen Musik und Urbanismus als Lebensweise handeln. 1999, im letzten Jahr des 20. Jahrhunderts, erscheint bei Kiepenheuer & Witsch in Köln – damals noch Popstadt und Sitz der *Spex*-Redaktion – Diederichsens *Der lange Weg nach Mitte*, Untertitel *Der Sound und die Stadt*. Ein dritter Sammelband, der mit den beiden vorhergehenden (das sind *Freiheit macht arm*, 1993, und *Politische Korrekturen*, 1996) eine Trilogie bildet: Texte über Pop, Musik und gesellschaftliche Zustände in der Postmoderne. Dann kommt erst 2005 ein weiterer Sammelband: *Musikzimmer. Avantgarde und Alltag*.
Der lange Weg nach Mitte, so Diederichsen einleitend, „richtet sich nicht an alle und keinen, sondern an sehr konkrete, aber unterschiedliche LeserInnen."[39] Das paraphrasiert Friedrich Nietzsche, der seinen *Zarathustra* im Untertitel *Ein Buch für Alle und Keinen* nannte.

39 Diedrich Diederichsen: *Der lange Weg nach Mitte. Der Sound und die Stadt*. Köln: Kiepenheuer & Witsch 1999, S. 9.

Nietzsches Weg führte nicht in die Mitte, sondern in die Peripherie: raus aus der Stadt, und nie wieder dorthin zurück. „Mich ekelt auch dieser großen Stadt."[40] Die Stadt ist für Nietzsche kein musikalischer Ort mehr. Mit dem Untertitel *Ein Buch für Alle und Keinen* schreibt er auch insofern eine Kulturkritik des Urbanen, weil er gegen seine LeserInnen schreibt, nämlich gegen das urbane Publikum, gegen die bürgerlichen Großstädter. Anders Diederichsen, der für die schreibt, über die er schreibt, in der Stadt und für die Stadt.

Der lange Weg nach Mitte ist der Weg nach Berlin. „Berlin-Mitte ist die Mitte der neuen Hauptstadt, des neuen Deutschland, und gleichzeitig ist es das schwarze Loch der Subkulturen"[41], heißt es in der Titeleinleitung.

Eine These dieses Buches behauptet, dass die Verbindung von Kultur und Politik trotz gegenteiliger Bekenntnisse zunehmend verloren geht. Die Vervielfältigung kultureller Milieus und als ‚Realität' empfundener Einzugsbereiche von Weltanschauungen haben nicht nur Stimmen und Ausdrucksmöglichkeiten vermehrt, sondern gleichzeitig auch die selbstverständlichen Verbindungen zwischen kulturellen und politischen Orientierungen gekappt.[42]

Das heißt auch:

> Während die an Pop und Stadt geknüpften Vorstellungen das Heilmittel für verlorene Anschaulichkeit, verlorene Gemeinsamkeit und verlorene Selbstverständlichkeit werden sollen, sind diese natürlich gleichzeitig Differenzmaschinen. Sie produzieren durch jedes neue zusammenfassende, verknüpfende, klarstellende (Denk-)Bild neue Differenzen, die genau die Uneinigkeit darüber, was wirklich, was relevant und was ich und wir sind, perpetuieren, die sie doch auffangen sollen.[43]

Eine scheinbar paradoxe These: Die Entkopplung von Kultur und Politik wird in der Stadt oder besser: auf den Bühnen, die die Stadt bietet, wieder zusammengeführt – als hier und da und immer wieder mal auftauchende Verschränkung von urbaner Kultur und urbaner Politik. „Großstadtmelodie" ist der erste Teil des Buchs übertitelt:

40 Friedrich Nietzsche: Also sprach Zarathustra. Ein Buch für Alle und Keinen. In: Ders.: *Kritische Studienausgabe*, Bd. 4, hrsg. v. Giorgio Colli / Mazzino Montinari. München: dtv 1999, S. 225 (Vom Vorübergehen).

41 Diederichsen: *Der lange Weg nach Mitte*, S. 3.

42 Ebd., S. 9

43 Ebd., S. 11.

„Die Anti-Odyssee oder wie man das Leben von den Häusern kratzt". Architektur, die in Stahl und Beton realisierte ebenso wie die verhübschten Fassaden des Altbaus, ist längst nicht nur metaphorisch gefrorene Musik. Wenn in diesen Städten Leben ist, dann klebt es an der Fassade, Oberfläche, architektonischen Haut des Urbanen etc. – und muss man es eben von den Häusern abkratzen. Kratzen ist seit jeher, aber freilich insbesondere in der Konstellation von technischen Reproduktionsapparaten und den Experimenten provokativer Soundästhetik, ein *Störgeräusch*. Aber gibt es im Zustand des *allgemeinen und verallgemeinerten Pop*[44] noch Störgeräusche, die auch als Störungen wahrgenommen werden? (Mithin ist das ja wieder Diederichsens Thema, gerade in Bezug auf die Großstadtmelodien: dass die kulturellen Störgeräusche in den gegenwärtigen Metropolen nicht gleichzeitig politische Störungen sind …)

> Berlinzwang: Was ist denn hier *los*? Was ist denn *hier* los? Neues aus der Stadt der Einstürzenden Neubauten und von der Bevölkerung mit den erfindungsreichen Architektur-Metaphern? Nein, nicht wirklich. Und nicht nur.[45]

Das Cover von *Der lange Weg nach Mitte* zeigt eine Fotografie (wie bei den beiden vorhergehenden Büchern der Trilogie: schwarzweiß): ein Weg, ein Umweg, ein schmaler Pfad durchs unwirtliche Abseits der Großstadt, links und rechts Maschendrahtzäune – Industriegebiet, Stadtrandgebiet. Der Sound hier ist allerhöchstens ein lärmendes Brummen, das Rauschen der technischen Anlagen. Am Ende des Weges sind große Rohre eines Versorgungssystems zu sehen, im Hintergrund Baukräne, ein strahlender, gleichzeitig aber nicht erhellender Scheinwerfer.

2005 erscheint *Musikzimmer*, Untertitel: *Avantgarde und Alltag*. Das Coverbild hier: eine unbegrenzte Fassade, wahrscheinlich eines Bürohochhauses. Die Anordnung der Fenster funktioniert nach einem klassischen Linienraster wie beim Rechenblatt. Vermutlich ist es nachts oder abends, das ganze Bild ist in Blautönen gehalten, die trotz der kalten Linienform der Fensterreihen warm erscheinen. Drei Fenster sind übermäßig hell erleuchtet, wie durch ein Blitzlicht.

44 Vgl. hierzu die Unterscheidung von Pop I und Pop II – Pop II ist der allgemeine Pop, der die Subversionsideologie des Pop I verallgemeinert – Diederichsens Text „Ist was Pop?" in ebd., S. 272–286.

45 Ebd., S. 15.

(Was beide Cover gemeinsam haben: sie deuten metaphorisch das Ende der Aufklärung an – beim einen Cover bleibt die Aufklärung ohne Beleuchtungskraft, das andere Cover zeigt sie zur Verblendung übersteigert.)

> Schließlich zieht sich die Entwicklung Berlins als Stadt, die einerseits außer niedrigen Mieten und viel Kultur nichts zu bieten hat, andererseits gerade darum auch ihre Kultur, vor allem Pop und Avantgarde, ständig gefährdet, als Thema durch den Band.[46]

Diederichsen argumentiert hier, warum sich das kritische Schreiben über Pop erledigt hat: Eine reflektierte Kritik des Pop und insbesondere der Popmusik hat ihren Ort verloren, ja, hat ihn gewissermaßen auf der Anti-Odyssee auf dem langen Weg nach Mitte ziellos verpasst. Die Strategie ist wieder nicht Nietzsche (‚Raus aus der Stadt!'), sondern diesmal *Rückzug*, und zwar mit dem gesamten Material: Die Frage nach den spezifischen urbanen Sounds lässt sich, wenn überhaupt, nur noch zuhause beantworten. Das Musikzimmer ist der einzige urbane Klangraum, der sich noch lokalisieren lässt. Das Musikzimmer ist wie das moderne Vorbild bürgerlicher Lebensweise Wohnzimmer, aber technisch pop- und postmodern renoviert: Mit Fernseher, Radio, High Fidelity, Sound-System, Telefon und Internet-Zugang. Wenn die Wände sowie Geduld und Toleranz der Nachbarn es hergeben, kann man die Anlage natürlich richtig aufdrehen; dennoch bleibt die Frage: *Is it that what makes today's homes so different, so appealing?* Das Musikzimmer ist ein Reservat in der verwalteten Welt. (Und auch für diese gute Stube gilt: „Es gibt kein richtiges Leben im falschen."[47])

„Aus!"[48]

46 Diedrich Diederichsen: *Musikzimmer. Avantgarde und Alltag*. Köln: Kiepenheuer & Witsch 2005, S. 25–26.

47 Theodor W. Adorno: *Minima Moralia. Gesammelte Schriften*, Bd. 4, S. 43.

48 „Aus!" sagte meine Tochter, nicht ganz zwei Jahre alt, wenn sie einen Schalter bediente, ganz gleich, ob das Gerät, das Licht, die Musikanlage etc. dann ausging oder anging …

Statt eines Nachworts

Benfica Lissabon

Rinus van Alebeek

Meine Hände ruhen auf Papier. Das Papier ist alt, über die Zeiten hinweg gelb geworden. Es sind zwei Blätter. Auf beiden ist ein Schwarzweißfoto abgebildet. Das eine zeigt ein Megafon an einem Laternenpfosten in einem Teil der niederländischen Stadt Heerlen, in dem ich aufwuchs. Das andere Foto zeigt auch ein Megafon, das an einem Laternenpfosten befestigt ist. Dieses aber befindet sich in Trabzon, einer türkischen Stadt am Schwarzen Meer. Meine Hände ruhen auf diesen Bildern, weil ich einen Moment nachdenken möchte und dazu meinen Augen gewähre, ins Blaue hinein zu sehen.
Das Megafon ist ein Gegenstand, der genau so schön und irgendwie auch so anachronistisch aussieht wie das Wort, das es benennt. Sogar das ‚ingenieurstämmige' Synonym ‚Schalltrichter' weist auf eine durch technisches Wissen erlangte Lust hin. Nicht nur Technik, Ästhetik oder Etymologie verleihen dem Megafon seinen Reiz. Das Ding hat eine evolutionsbedingte Erscheinungsform erreicht, die nur aus einem Verlangen heraus möglich wurde, ein Wort auf Reisen zu schicken. Ob dieser Zwang zur geografischen Expansion von der Sprache ausgeht, in welcher Optik die Sprache-an-sich als ein lebender Organismus unserer Schöpfung betrachtet werden sollte, ist ein Thema, das ich an dieser Stelle nur erwähnen, nicht aber weiter untersuchen will. Wichtig ist, dass Wörter auf Reisen gehen und dafür Mittel oder Übermittler brauchen.
Das Megafon bringt uns zurück in eine früh-, fast vor-historische Zeit. Die Stimme eines Herrschers sollte bis an die Grenze, und auch möglichst weit darüber hinaus, gehört werden. Ohne Grenze gibt es kein Reich und ohne Untertanen, die einem gehorchen, gibt es keine Macht. Die Tontafeln waren zu schwer, um sie unter den Arm zu nehmen und sich damit auf den Weg zu machen. Die Nachrichten sollten vom Botschafter behalten werden. Aber wie soll der ankommen, ohne etwas zu vergessen auf dem ganzen langen Weg? Dauernd wiederholen, was gesagt werden sollte und sich unterwegs von nichts und niemandem ablenken lassen? Wie sollte das gehen, wenn man von Persien nach Europa und wieder zurück zu laufen hat?

Wo eine Stadt entsteht, Paläste gebaut werden, gibt es auch Menschen, die dafür den Plan entwerfen. Die Fähigkeit, eine längere Botschaft behalten zu können, muss auf einen eben solchen Plan zurückzuführen sein. Man konstruierte in Gedanken einen Palast und lagerte in den verschiedenen Räumen Gegenstände, Bilder also. Das Erinnern wurde zum Rundgang durch ein imaginäres Gebäude. Die Bilder sprachen sozusagen mit einem. Cicero beherrschte diese Technik, sowie Giordano Bruno, und meiner Vermutung nach auch Albert Speer, der die Antworten auf die Fragen der Nürnberger Ankläger höchstwahrscheinlich in der Führerkanzlei an der Wilhelmstraße versteckt hatte. Genau wie bei dem müden Botschafter aus Persien wurde der Mund zum Sprachrohr und die Wörter klangen wie der schwache Widerhall von dem, was die Bilder im Gedächtnispalast zu sagen hatten.

Entlang der süditalienischen Küste stehen Türme, die erbaut wurden, als die Sarazenen wiederholt die Bevölkerung angriffen und die schönsten Frauen mit nach Hause nahmen. Sobald sie über das Meer kommend gesichtet wurden, entfachte man Feuer hoch auf den Türmen. Zu betrachten, wie ein Feuer nach dem anderen entstand und am Ende an der ganzen Küste, soweit das Auge reichte, die Türme aufleuchteten, muss vom Schiff aus auf hoher See ein erhabener Anblick gewesen sein. Ein Megafon brauchte man nicht. Es gab bestimmt unzählige Münder, aus denen die bedrohliche Nachricht klang.

Der Anblick eines solchen Turms muss unmerklich in jedem ein unterschwelliges Wissen bestätigt haben, nämlich: ‚erreichbar sein'. Der Funkturm oder die unzähligen Mobilfunkantennen sorgen noch immer dafür, dass eine ‚Stimme' bis an ein, durch erlöschende Radiowellen definiertes Ende der Welt zu hören ist.

Doch gibt es eben auch das Megafon, das irgendwie der Schnauze eines Fantasietieres ähnlich sieht. Die beiden abgebildeten Exemplare auf den Fotos, auf denen meine Hände ruhen, kriegten ihre Stimme, weil jemand irgendwo in einer Garage, oder einem Dachzimmer, einen kleinen Sender hatte. Das jüngere Bild ist irgendwann Mitte der 1990er Jahre in einem Außenbezirk Trabzons aufgenommen. Der Tag war so grau wie alles andere Drumherum, das auf dem Foto zu erkennen ist. Ich war unterwegs zum Stadion von Trabzonspor, aus Neugier, aber auch zur Orientierung, und weil ich sonst nichts zu tun hatte. Am nächsten Tag würde der Verein in einem UEFA-Cup-Spiel gegen Atlético Madrid antreten, für die damals Bernd Schuster und Paulo Futre kickten. Konzentrierter auf das, was vor mir lag, als auf das, was in der Laterne hing, wurde ich erst auf das Megafon aufmerksam, als ich ein langgezogenes „Aaaaaaaaaaaallllllllllllaaaaaaaaaahhrkbah" hörte. Es klang herrlich krachig, unsauber und zerstört. Und es ertönte direkt über meinem Kopf, der Aufruf zum Gebet, den ich auf meiner Reise sonst nur polyfonisch und asynchron aus sämtlichen an verschiedene Minarette montierten Megafonen gehört hatte. Am nächsten Tag blieben die Megafone stimmlos. Sie wurden nicht aktiviert, um die Einwohner darauf hinzuweisen, dass einer der besten Fußballer des letzten und vorletzten Jahrzehnts auf einem Rasen nicht unweit von hier sehr wahrscheinlich eines seiner letzten europäischen Spiele absolvieren würde. Umgekehrt wurden die Megafone in der Nachbarschaft meiner Jugend auch nicht von der katholischen Kirche genutzt, um der Bevölkerung mitzuteilen, dass die nächste Messe bald anfangen würde. Dafür gab es Gebimmel. Aus dem Megafon, das man auf dem Foto unter meiner linken Hand sieht, schallte *De Mars van Koning Voetbal*, eine Melodie, die ich immer noch auswendig kenne.

Das Drumherum auf diesem Foto ist genauso unspektakulär wie die auf Geradlinigkeit beschränkten Bauten in Trabzon. Nur das Grau ist etwas stimmiger, weil aus meiner Jugend meist die sonnigen Tage in Erinnerung geblieben sind. *Der Marsch des König Fußball* war in den Sechzigern das Fußballlied überhaupt. Sogar im Fernsehen hörte man es unmittelbar vor Beginn eines Spiels. Sobald dieses Lied widerhallte, wurde es stiller im Stadion. Man wusste, dass nach dem Beenden der Melodie der Ansager die Zuschauer willkommen heißen und die Aufstellungen beider Mannschaften bekanntgeben würde. Von unten an der Laterne zum singenden Megafon hochschauend beschäftigten mich ein paar Fragen. Von wo aus wurde dieser Klang hierhin geschickt und wieso konnte ein Verein wie *K. E. V.*, der noch nicht mal fünftklassig spielte, *De Mars van Koning Voetbal*, der sonst nur in richtigen Stadien ertönte, zur Ankündigung ihres Sonntagspiels nutzen? Der Verein hatte noch nicht mal eine Tribüne. Das Megafon wurde dann irgendwann abmontiert. Und irgendwie war es schon ein Zeichen dafür, dass man nach einer langen Strecke zu Fuß in den Siebzigern angekommen war und dass Nachrichten von da an auf andere Art und Weise in die Welt geschickt wurden. Dass in

Trabzon in den Neunzigern noch ein Megafon hing, bedeutet nur, dass es mindestens zwanzig Jahre länger gedauert hatte, um dort zu Fuß anzukommen. Ich bin mir sicher, dass dieser Schalltrichter mittlerweile auch abmontiert worden ist. Den Aufruf zum Gebet kann man sich bestimmt als App herunterladen.

Was ich hier probiere anschaulich zu machen ist, dass das Objekt ‚Megafon' samt seiner Nutzung und seinem dreckigen Klang in der modernen ‚Vorsprung durch Technik'-Dichtung nicht nur im übertragenen Sinne, sondern auch reell einen Grenzwert hat. Alles, was jenseits des Megafons liegt, ist vorbei, Geschichte, abgeschlossen und unwiderruflich. Sehr lange hat man den Prozess des langsamen Durchsichtigwerdens anschaulicher Geschichte an Bahnhöfen bis zu ihrer endgültigen Auflösung sehen und auch hören können. Das Megafon ist auf sein Maß reduziert. Steht dann Geld zur Verfügung wird auch die Anlage auf den Bahnhöfen nicht verbessert, sondern nur geändert werden. ‚Vorsprung durch Kosmetik' heißt es in einer technisch gleichgeschalteten Welt.

Im Fußballstadion wurde das Megafon Mitte der 90er Jahre durch eine Anlage ersetzt. *Koning Voetbal* und sein *Mars* waren schon lange verschwunden. Am Anfang brachte das nur Kopfschmerzen machende Pausenmusik. Das Gemurmel auf den Tribünen, das eine ähnliche Dynamik hatte wie Blätter vom Winde berührt, blieb dasselbe, unbeeinflusst von den Bemühungen eines übereifrigen Discjockeys. Es wurden immer noch die Mannschaften präsentiert und die Aufstellungen gelesen. Fiel ein Tor, teilte man erst unmittelbar nach dem Jubel mit, wer das Tor geschossen hatte, so wie auch bei Auswechslungen angesagt wurde, wer ging und wer kam. Fußball war ein Sport für Prolls. Seine Anhänger waren gewaltbereit. Die Vereine rangen ums Überleben, weil ja immer Geld fehlte. Und überhaupt umgab den Rasenballsport so viel, überwiegend in Schwarzweißbilder verpackte Nostalgie, dass es einem jeden, mit den Errungenschaften seiner Kultur ausgestatteten Menschen allein schon vom bloßen Hören des Wortes Fußball übel wurde.

Aber plötzlich gab es keine Arbeiter mehr. Damit war es für den Fußball als Arbeitersport auch zu Ende. Zudem hatte man entdeckt, dass mit Fußball sehr wohl Geld zu verdienen war. Dann ging es schnell. Stadien wurden abgerissen und Glücksgas-, Bayer- und Trolli-Arenen aufgebaut. Der Klang im Stadion änderte sich auch. Nach einem

Heimtor wurde fortan ein dröhnender, zum Händeklatschmarsch auffordernder Jingle gespielt. Verschwunden war damit die Möglichkeit, den reinen Torjubel in all seinen unterschiedlichen ekstatischen Stufen zu erleben. Auch der Moment, der zum spontanen Ausruf der Vorfreude und der fröhlichen Erwartung dessen führte, das wie aus einer einzigen Kehle hervorbrach, sobald die eigene Mannschaft in ihren Farben das Feld betrat, wurde von den Klangdesignern annektiert: Es sollte ein bombastisches, ohrenbetäubendes Musiketwas, eine Art ‚Star Wars-Soundtrack' im ‚Mediamarkt-Remix' werden. Auch der erlösende, alle Spannung entladende Jubel nach dem Schlusspfiff eines gewonnenen sehr wichtigen Spiels, bei dem die Zuschauer bis zum Ende mitgezittert hatten und das ihren Adrenalin- oder Blutdruckspiegel auf bedenkliche Werte hatte anschwellen lassen, wurde mit den massenhaften Dezibel der neuen klangstylischen Maßnahmen erstickt. Für Nicht-Fußballgenießer werden die Ausmaße solcher Entscheidungen vielleicht erst dann nachvollziehbar sein, wenn sie sich einen schönen Platz irgendwo im mediterranen Bereich vorstellen, wo es sie in den Ferien immer wieder hinzog, weil Jung und Alt sich dort unterhielten, hin und her spazierten, auf einem Bänkchen Platz nahmen oder auf einer Terrasse stundenlang ihren Kaffee tranken. Man bedenke nur, dass die Behörden, um es für die Touristen netter zu machen, dort überall Lautsprecher aufhängen, aus denen von morgens bis abends Gedudel erklingt, so laut, dass jedes Gespräch damit unmöglich wird. Damit wären alle Voraussetzungen für ein schönes, authentisches Urlaubserlebnis ausgelöscht.
Und während in dem Ländle die Stadien umbenannt wurden und der Zuschauer die Heimspiele im Rewirpowerstadion, der Wirsol Rhein-Neckar-Arena, der Cashpoint-Arena oder der Grümmi-Arena besuchte, hatte sich plötzlich auch eine Namensänderung von traditionsreichen Vereinen wie Ajax, Arsenal oder Benfica vollzogen. Gesprochen wurde auf einmal von Ajax Amsterdam, Arsenal London oder Benfica Lissabon. Ein ‚Wieso' gibt es nicht. Diese Namensänderung ist so weit durchgedrungen, dass in den Nachrichten im Fernsehen Borussia Dortmund nur noch Dortmund, HSV Hamburg und Hertha BSC nunmehr Berlin heißt. Die Absurdität dieser journalistischen Aberration zeigt sich, wenn man dieselbe Methode auf die Rangliste von England anpassen würde. Danach wäre ein Klassement, in dem London die ersten fünf Plätze einnähme, sehr wohl

möglich, vorausgesetzt Manchester und Manchester kriselten gerade. Für Nicht-Fußballanhänger wiederum ist es vielleicht wenig nachvollziehbar, warum die Wortkombination Ajax Amsterdam genauso schmerzt wie eine falsch gespielte Note oder das Zugeständnis, dass der Sänger von *Schmidtchen Schleicher* ein Holländer ist. Auch hier kann ein Beispiel helfen. Man stelle sich nur vor, dass Großkonzerne, die stark in den Schulden steckenden deutschen Städten zu Hilfe kommen, einen Großteil der Schuldenlast übernehmen, dafür als Gegenleistung ihren Firmennamen mit dem der Stadt, einen Bindestrich dazwischen, verbinden möchten. Berlin könnte dann plötzlich Sony-Berlin heißen, die ehemalige Hauptstadt wäre zu Dr. Oetker-Bonn mutiert, aus Köln würde Google-Cologne. Gazprom-Gelsenkirchen, Aldi-Erfurt, Honig-Heidelberg, Würstl-München, Juventus Turin; irgendwo denkt sich irgendjemand etwas aus und man kann sich nur fragen, was in dieser Person vorgeht. Ist es Marketing oder wird ein neu einzurichtender Bereich erst dann augenfällig, wenn er neu betitelt wird?

Der Begriff ‚Öffentlicher Raum' hat denselben Stellenwert. Ich kenne ‚Öffentlicher Dienst', ‚öffentlich-rechtlich' im Bezug auf Fernsehen und Rundfunk. ‚An die Öffentlichkeit treten' heißt es, wenn jemand der Presse etwas mitteilt. Es gibt auch ‚Öffentliche Toiletten'. Ich weiß, dass mit ‚Öffentlichem Raum' irgendein bestimmter Raum gemeint ist, der sich im öffentlich zugänglichen Gebiet befinden muss. Also entschließe ich mich zu einer kleinen Sondersuche, deren Auskunft das Weiterschreiben an diesem Artikel vereinfachen soll. An einem schönen sonnigen Frühlingstag und beim Genuss eines Bieres erklärt man mir, der ‚Öffentliche Raum' sei genau vor meiner Nase: draußen eben, überall eigentlich, wo nicht ‚Privatgrundstück', ‚Privatgelände' oder ‚Privat' am Eingang steht.

Aha

Ob das mein zukünftiges Verhalten ändern wird? Wenn ich demnächst meine Wohnung verlasse, werde ich mir dann bewusst vornehmen, den öffentlichen Raum zu betreten? Ich brauche nicht lange, um zu bedenken, dass es völliger Quatsch ist. Meine nächste Einsicht betrifft den Begriff ‚Klang im Öffentlichen Raum'. Dazu kann ich mich ziemlich kurz halten, weil es das ist, was man draußen hört:

„Der Klang ist alles, was der Fall ist", um es frei nach Wittgenstein zu sagen. Die Frage, die ich mir stellen soll, ist: Wann ergibt es einen Sinn, über ‚Öffentlichen Raum' zu sprechen? Die Antwort ist einfach. Der Begriff ‚Öffentlicher Raum' gehört zum amtlichen und damit zum bürokratischen Sprachgebrauch und der ‚Öffentliche Raum' kann nur dann betreten oder diskutiert werden, wenn man im ‚Öffentlichen Dienst' oder als Stellvertreter dessen tätig ist.

Zurück zum Stadion. Da wurden die Momente mit dem höchsten emotionellen Wert aussortiert, um sie durch eine Melodie zu ersetzen. Diese Maßnahme entsprang einem Plan und wurde irgendwo an einem Tisch erdacht. Die Spontaneität verschwand, das Planmäßige ersetzte ihre Stelle. In der Arbeit mit dem ‚Öffentlichen Raum' ist derselbe Prozess zu erkennen. Ein Beispiel: Im letzten Jahrhundert war ich mal ein paar Wochen in Venedig. Während derselben Periode fand die Biennale statt. Das bedeutete, dass sehr viele berühmte Menschen aus der ‚Bildenden Kunst', aber auch sonstige Sterbliche umherliefen. Ausgehend von der Kommune wurde etwas außerhalb des Biennalegeländes organisiert, soweit ich jetzt weiß im ‚Öffentlichen Raum', in diesem Fall in einem winzigen Park, der nicht viel größer war als ein Garten. Es gab dort eine Klanginstallation. Ich ging hin und hörte zu, hörte viel zu lautes Vogelgezwitscher. Das kam aus kleinen Lautsprechern. Erst jetzt sehe ich ein, dass man im ‚Öffentlichen Raum' eher bürokratische Kunst erwarten kann.

Noch ein Beispiel: Da ich an diesem sonnigen Frühlingstag an der Sondersuche Gefallen gefunden hatte, ließ ich mir erklären, was es mit dem sogenannten ‚5.1 System' auf sich hatte; das war etwas, das sich für meine Lo-Fi-Ohren echt imponierend anhörte. Wer mit 5.1 arbeitete, der konnte etwas, so lautete ungefähr mein Laienurteil. Also, Professor Soundso an der Universität Diesunddas nähme mit vier Mikrofonen in vier verschiedenen Richtungen Klänge auf, die dann ein Programm auf seinem Rechner auf vier verschiedenen Spuren speicherte. Spielte man das anschließend ab, so würde man das aus vier verschiedenen Richtungen Aufgenommene ‚wiederhören' können. Jo! Wie einfallsreich. Das hört sich ja fast an wie Vogelgezwitscher in Venedig.

Nun sind Begriffe wie ‚5.1', oder ‚9.1', ‚Professor', ‚Universität', ‚Klang im Öffentlichen Raum', ‚Architektur' sehr beeindruckend, spannend sogar, wenn man als Beamter im öffentlichen Dienst den ganzen Tag nichts als bürokratischen Kram vor sich hat. Da wird die Arbeit und damit das Leben erst recht ein Abenteuer, wenn einer dieser ‚Kreativen' einen ‚Projektvorschlag' einreicht. Ein Freund in einer sehr schönen mitteleuropäischen Stadt erzählte mir, während wir durch die Altstadt liefen, dass im 19. Jahrhundert, eigentlich bis zum Krieg, fast in jedem Haushalt eines der Kinder Klavierunterricht erhielt. Ich begriff nicht gleich, was er sagen wollte. Er blieb stehen, so dass ich gezwungen war, in sein breit grinsendes Gesicht zu schauen, aber zu gleicher Zeit auch einen Teil der Häuser in der Straße hinter ihm sah. „Kannst Du dir vorstellen, wie diese Stadt damals an einen warmen Tag geklungen hat?" Heute möchte ich mir lieber nicht vorstellen, was rauskommt, wenn die Herren Benfica Lissabon in den gleichen Straßen Gassi gehen und sich ein ‚Konzept' ausdenken.

AutorInnen

Melanie Albrecht, M.A., studierte Germanistik, Theaterwissenschaft, Philosophie an der Universität Leipzig sowie Kunstgeschichte und Filmwissenschaft an der Universität Dublin, Irland. Im Rahmen des D21 Kunstraum Leipzig war sie kuratorisch tätig: *Rauschen und Flimmern* (2010), *Verortungen / Entortungen: Urbane Klangräume* (2011). Sie leitete eine Reihe von Workshops im Spinnwerk Leipzig (u.a. *Künstlerische Praxis im urbanen Raum* (2011), *Nicht-Orte* (2012)), arbeitete als Aufnahmeleiterin für die Produktionsfirma schmidtFilm und engagiert sich seit 2012 u.a. als Projektkoordinatorin beim freien Sender Radio Blau in Leipzig. Seit 2011 ist sie Mitglied der Theater- und Performancegruppe friendly fire. Inszenierungen (Auswahl): *Invisible Orange* (2012), *Ghost Tracks: Karl-Heine-Straße* (2013), *Intershop* (2013), *Cantos: And America Likes Me* (2013), *[untitled] a space for monsters, ghosts and animals* (2014). 2015 ist sie Stipendiatin im Rahmen der künstlerischen Forschungsresidenz flausen+. friendlyfire-friendlyfire.blogspot.de

Rinus van Alebeek wurde aus den katholischen 1950ern und 1960ern hinausgewürfelt und erlebte die nächsten Jahrzehnte als berauschendes Pan-Etwas, das sich nicht zwischen Optikum und Dämonium zu entscheiden wusste. Mittlerweile haben sich die Zeiten beruhigt. Er hat sich dem Erzählen und Erfinden von Geschichten gewidmet, nutzt dafür Wörter, Klänge und die Ohren von denen, die es hören wollen. Sobald er enzyklopädiefähig ist, werden andere sich um eine einleuchtendere (Kurz)beschreibung seines Lebens kümmern. Publikation u.a.: *Stop the Music* (Ravenna: Cavelonte edizioni / swollen avangarde press 2014). rinusvanalebeek.com

Thomas Bey William Bailey, Autor, Soundkünstler und Forscher, der bisher in Japan, Spanien, Zentraleuropa und in vielen Städten der USA arbeitete und lebte. In seinen Arbeiten mit unterschiedlichen Kommunikationsmedien geht er den Vorstellungen von Utopien, dem Anthropozentrismus und „Extremen“ nach. Publikation u.a. zu neuen Praktiken elektronischer Musik, *MicroBionic* (Creation Books, 2009). tbwb.net

Roger Behrens, Autor, lebt in Hamburg. Zahlreiche Veröffentlichungen zur kritischen Theorie der Gesellschaft. rogerbehrens.net

Claudia Bosse, Künstlerin, Regisseurin und künstlerische Leiterin von theatercombinat. Regiediplom der Hochschule für Schauspielkunst Ernst Busch Berlin. Im Jahr 1996 Gründung der KünstlerInnenformation theatercombinat: Erschaffung neuer, experimenteller Aktions- und Wahrnehmungsräume zwischen Theater, Installation, Stadtintervention, Choreografie, Performance und Diskurs. Lehrtätigkeit, Gastprofessuren, Vorträge und Publikationen. Nach der vierjährigen Serie *tragödienproduzenten* mit Inszenierungen in Wien, Braunschweig, Düsseldorf und Genf seit 2010 Realisierung der Serie *politische hybride* in Zusammenarbeit mit Soundkünstler Günther Auer und anderen KünstlerInnen. theatercombinat.com und claudiabosse.blogspot.co.at

Jonas Engelmann, studierter Literaturwissenschaftler, ungelernter Lektor und freier Journalist. Er hat über Gesellschaftsbilder im Comic promoviert, schreibt über Filme, Musik, Literatur, Feminismus, jüdische Identität und Luftmenschen für *Jungle World*, *konkret*, *Zonic*, *Missy Magazine* und andere, lektoriert Bücher für den Ventil Verlag und gibt die *testcard* mit heraus. ventil-verlag.de

Gerald Fiebig, Audiokünstler, Autor und Redakteur, lebt in Augsburg. Zuletzt Veröffentlichung der LP *Split* mit If, Bwana (Attenuation Circuit 2013), einen Aufsatz über Dronemusik und spätmoderne Zeiterfahrung (*Testcard* 23, 2013) sowie die radiophone Komposition *Wien 12.02.1934* (ORF Kunstradio 2014). TONSPUR-Artist-in-Residence-Stipendium vom quartier21/MuseumsQuartier in Wien für seine Audioarbeiten sowie Kunstförderpreis der Stadt Augsburg. geraldfiebig.net.

Patrick Franke, Ornithologist & Soundrecordist; 2002–2008 Studium der Medienkunst, Hochschule für Grafik und Buchkunst Leipzig; 2004–2008 Klangkunstplattform und Label Alula Ton Serien; 2008 Diplom (sound walk und theoretische Arbeit: *Das natürliche und das mediatisierte Hören*); seit 2008 freiberuflicher Ornithologe und

Sound Recordist; seit 2013 Archivar bei *The Sound Approach*. singwarte.info, birds-in-flight.net, patrick-franke.info

Susann Jehnichen ist Mode- und Werbefotografin. Studium in Leipzig und Paris, lebt heute in Leipzig. Veröffentlichungen u. a. in *Marie Claire Italia*, *Superior Magazine*, *Elegant Magazine*, *Jute Magazine*. Außerdem enge künstlerische Zusammenarbeit mit der Künstlergruppe friendly fire und Anfertigung von Fotografien für diverse Inszenierungen. susannjehnichen.com

LIGNA entwickelt zwischen Theater, Tanz, Installation und Performance mit dem Radio neue Situationen, ermöglicht unwahrscheinliche Bewegungen und erfindet die Rolle des Publikums neu. Mit ihren Modellen performativer Radionutzung, wie dem Radioballett, intervenieren sie in den öffentlichen Raum und befragen seine Normen und Kontrolle. LIGNA besteht aus Ole Frahm, Michael Hüners sowie Torsten Michaelsen und existiert seit 1997. ligna.blogspot.de

Stefan Militzer, Studium der Philosophie, Politikwissenschaft und Geschichte in Dresden, Tübingen und Colchester und promoviert am Institut für Philosophie der Goethe-Universität Frankfurt am Main. Mitbegründer des Frankfurter Vereins zur Förderung von Phonographie und experimenteller Musik. Mitorganisator der Konzertreihe *Phonophon* in Frankfurt, Zusammen mit Lasse-Marc Riek Leitung von *Tonangel*-Klangworkshops für Jugendliche und Erwachsene und Veröffentlichung eigener Musik als *Phober*. Lebt als Autor und Dozent in Frankfurt am Main.

Udo Noll, Medienkünstler und Dipl. Photoingenieur. Lebt in Berlin sowie Köln und arbeitet im Bereich elektronischer Medien. Gründer von *radio aporee*, einer Plattform für die künstlerische Erforschung und Entwicklung von Konzepten und Praktiken in Bezug auf Klang, Ort und ihre räumlichen Bedingungen. aporee.org/aporee.html

Marcus Quent, Studium der Theaterwissenschaft und Philosophie an der Universität Leipzig und an der Aberystwyth University, Wales, UK. Hilfskraft am Institut für Theaterwissenschaft. Organisator verschiedener Veranstaltungsreihen, u. a. *Theater/Denken* (2013)

am Centraltheater Leipzig. Seit 2009 kontinuierlich Tätigkeiten im Bereich Dramaturgie. Arbeitsschwerpunkte: kritische Theorie und französische Gegenwartsphilosophie, ästhetische Theorien (im Besonderen Kant, Adorno, Lyotard), Theorien des Politischen, politisches Theater, Theater und Philosophie.

Seetyca, Thüringer Klangfetischist und Büchernarr, studierter Germanist, macht seit 1994 elektronische Musik, vertreibt und fördert experimentelle Klänge seit 2001 über sein Label mbira records, seit 2009 zusätzlich über sein Netlabel seetyca.org und vzusdw.org

Frans de Waard, Produktion von Musik seit 1984, u. a. Kapotte Muziek, Beequeen (mit Freek Kinkelaar), Goem (mit Roel Meelkop & Peter Duimelinks), Zebra (mit Roel Meelkop) und Soloprojekte wie Freiband, Shifts und unter eigenem Namen. Arbeitete bei Staalplaat (1992–2003). Seit 1986 Rezensent für seine eigene Publikation *Vital*, jetzt *Vital Weekly*, ein Online-Musik-Magazin, das seit 1995 die Online-Quelle für Undergroundmusik ist. Workshops und Vorträge an verschiedenen Orten. Mit Scott Foust Gründung des Duos The Tobacconists im Jahr 2009 und mit Wouter Jaspers Ezdanitoff im Jahr 2010. fransdewaard.com

Michael Wehren, M. A., studierte Theaterwissenschaft und Philosophie an der Universität Leipzig. Dort promoviert er gegenwärtig über die Lehrstücke und das *Fatzer*-Fragment Bertolt Brechts sowie ihre heutige Produktivität. Er ist Mitherausgeber des ersten und zweiten Bands der *Mülheimer Fatzerbücher* (2012/2013). Zu seinen weiteren Schwerpunkten zählen: Heiner Müller, Körperpolitik, Chorformen, Theater des Lernens. Von 2012 bis 2014 war er wissenschaftlicher Mitarbeiter im Forschungsprojekt *Körperpolitik*. Seit 2011 ist er Mitglied der Theater- und Performancegruppe friendly fire. Inszenierungen (Auswahl): *Bildbeschreibung* (2012), *Nibelungen: Ring* (2012), *Ghost Tracks: Karl-Heine-Straße* (2013), *Intershop* (2013), *Cantos: And America Likes Me* (2013), *[untitled] a space for monsters, ghosts and animals* (2014). 2014 leitete er einen *Fatzer*-Workshop in Fortaleza (Brasilien), 2015 ist er Stipendiat im Rahmen der künstlerischen Forschungsresidenz flausen+. friendlyfire-friendlyfire.blogspot.de

Abbildungsverzeichnis

Susann Jehnichen: Ausstellungsbilder
Bilder aus der Ausstellung *Verortungen / Entortungen: Urbane Klangräume*, D21 Kunstraum, Leipzig 2011.
Foto & ©: Susann Jehnichen, 2011.

„Das Wirklichkeitsgefüge, in dem man sich sonst so wohlig aufhält, zu irritieren". Ein Gespräch mit Claudia Bosse (theatercombinat, Wien)
Abb. 1, 3, 5: *Bambiland*, 2008.
Foto & ©: Lorant Racz, 2008.
Abb. 2, 4, 6: *The Tears of Stalin*, 2011.
Foto & ©: Petr Jedinak, 2011.

Gerald: Fiebig: Soundscape und Aura
Abb. 1: Cover von Artificial Memory Trace: *Paradox of Paradox/Interception I.* 2 x CD, Attenuation Circuit 2012 (ACR 1019).
Quelle: www.attenuationcircuit.de; ©: Attenuation Circuit, 2012.

Udo Noll: *radio aporee*
Abb. 1: Ingelen Geographic Radio Empfänger im Technikmuseum Berlin.
Foto & ©: Udo Noll, 2012.
Abb. 2: fmwalks.
Foto & ©: Udo Noll, 2000.
Abb. 3: Braunkohletagebau Garzweiler II.
Foto & ©: Peter Cusack, 2013.
Abb. 4: Tuned City Festival Brüssel, 2013, Radiokunst im öffentlichen Raum.
©: Udo Noll, 2013.
Abb. 5: Tuned City Festival Brüssel, 2013, Radiokunst im öffentlichen Raum.
©: Udo Noll, 2013.

Marcus Quent: Stadt als Sammlung von Gespenstern
Abb. 1–2: *Ghost Tracks: Karl-Heine-Straße*, 2013.
©: Udo Noll, 2014.
Abb. 3–6: *Ghost Tracks: Karl-Heine-Straße*, 2013.
Foto & Co. Susann Jehnichen, 2013.

„... eine Verhandlung über die Akustik der Städte...". Fragen an LIGNA
Abb. 1–3: *Wessen Stadt ist die Stadt? Ein Aufstand* – Aufführungsfotos, 2011.
© Ringlokschuppen Mülheim an der Ruhr; Foto: Stephan Glagla, 2011.
Abb. 4: *Walking The City*, 2013.
Foto & ©: Arthur Pequin, 2013.
Abb. 5: *Walking The City*, 2013.
Foto & ©: Annavan Kooij, 2013.